KB269573

관리비 전쟁 ❶

관리비 전쟁 ❶

ⓒ 유바름, 2026

초판 1쇄 발행 2026년 1월 1일

지은이   유바름
펴낸이   이기봉
편집   좋은땅 편집팀
펴낸곳   도서출판 좋은땅
주소   서울특별시 마포구 양화로12길 26 지월드빌딩 (서교동 395-7)
전화   02)374-8616~7
팩스   02)374-8614
이메일   gworldbook@naver.com
홈페이지   www.g-world.co.kr

ISBN   979-11-388-5223-4 (03300)

- 가격은 뒤표지에 있습니다.
- 이 책은 저작권법에 의하여 보호를 받는 저작물이므로 무단 전재와 복제를 금합니다.
- 파본은 구입하신 서점에서 교환해 드립니다.

오피스텔 집합건물 관리 노하우

관리비 전쟁 ①

유바름 지음

투명한 관리비는 없다

- 생생한 에피소드
- 관련 규정

관리비 전쟁이다. 불합리한 관행과의 전쟁이다.

일상의 작은 부조리 때로는 몰라서 넘기고 때로는 알면서도 묵인하고 관행처럼 당연한 듯 반복되고 있다. 정답이 없다. 알아야 한다. 최선의 방법을 찾아야 한다. 한 관리인의 생생한 집합건물 관리기록이다.

좋은땅

<u>프롤로그</u>

◇ 관리비 전쟁 ◇

오피스텔 등 집합건물의 민원 1순위는 관리비 과다일 것이다.

2025. 6.30. 00신도시 중심 상가지역 집합건물의 관리비를 비교해 보았다.

00신도시 중심상가 주요빌딩 공용관리비 비교

(단위: 천 원)

빌딩 이름	면적 (평)	일반 관리비	공용 사용료(세대 사용료 제외)				관리비 합계	평당 관리비(원)
			전기료	수도료	열 요금	소계		
JA	29,100	135,757	79,460	13,787	18,281	111,528	247,286	8,486
OB	26,610	95,829	33,095	5,554	10,793	49,444	145,272	**5,459**
IS	12,600	68,729	28,258	5,377	11,787	45,422	114,152	9,020
US	12,300	71,924	30,787	6,015	13,821	50,624	122,549	9,982

관리비 전쟁의 결과다.

OB빌딩이 중심상가 지역에서 압도적 1위다.

비슷한 규모의 JA타워 관리비의 64.3% 수준에 불과하다.

그런데도 OB빌딩 민원 상위에 관리비 과다가 있다.

언제나 숙제인 것이다.

더 줄일 수 있을까?

누구와의 전쟁인가?

묵인되고 있는 불합리한 관행과의 전쟁이다.

이 전쟁은 언제 끝날까?

◇ 건물관리업자 교체 소동 ◇

관리비 전쟁의 백미는 건물관리업자 교체다.

교체하면 반드시 드러나고 개선된다.

건물관리계약 만료일이 도래하여 관리업자선정 입찰공고 후 개찰, 입찰참여 3개사에 대한 적격심사 1차 평가에서 근소한 차이로 A사가 앞선다. A사는 기존 관리업체다.

이어지는 사업제안 프레젠테이션에서 B사에 대한 평가가 좋다.

결국 최종 평가에서 B사가 근소한 차이로 역전하여 건물관리업자로 선정되었다.

B사와 계약 세부내용 협의 후 계약하기 하루 전 역전당한 A사 책임자가 찾아왔다. 평가표가 잘못되었으니 재심사하라는 것이다. 재검토 결과 명백한 오류가 발견되었다. 어떻게 처리할까?

◇ 최고의 결정 ◇

주차관제시스템 위탁관리업자선정 입찰을 진행했다.

낙찰 최저가격이 고정비 월 170만 원 + 월수입의 10%(약150 ~ 200만 원) = 월 320만 원 ~ 370만 원이다. 그런데 세부 계약내용에서 합의 불발이다.

긴급히 렌트 방식으로 조건을 변경, 입찰을 진행했는데 결과가 놀랍다. 낙찰가격이 월 96만 원이다. 위탁관리 가격의 30%에 불과하다.

선정된 업체는 코스닥 등록업체로 기술력과 신용도가 우수하다.

사후관리는 위탁관리보다 더 좋다.

① 24시간 모니터링,

② 즉각적인 현장 출동,

③ 5년 무상 A/S,

④ 5년 후 소유권 이전이다.

즉각적인 현장 출동이 가능한 것은 이 회사가 관리하는 현금지급기(CD기)가 주변에 많이 있으며 어디든 늘 현장직원이 가까이 있다는 것이다.

나머지 업체의 응찰가격도 위탁관리 가격의 2분의 1에서 3분의 2 정도이다.

만약에 급한 마음에 처음 입찰 결과대로 계약을 체결했다면, 그리고 렌트 비용이 이렇게 저렴한 것을 나중에 알게 되었다면 큰 화병이 생겼을 것이다. 생각만 해도 진땀이 난다.

3월 말 정기총회까지 규약제정, 주차규정 개정, 장기수선계획 수립, 예산수립, 총회 보고서준비, 하자소송 준비 등 일이 밀려 있어 시간에 쫓기고 있었다. 속 모르는 입주민들의 재촉과 주차 맛집 비아냥, 1차 낙찰 업체의 항의 및 협박에도 조건을 바꿔 긴급 입찰을 결행한 것은 스스로 생각해도 참 잘한 결정이었다.

지금 돌이켜 봐도 시간에 쫓기며 극도의 압박 속에 내린 최고의 결정이었다.

5년 동안 관리비를 약 1억 25백만 원 절감한 것이다.

◇ 작은 일, 그러나 바로잡아야 할 일 ◇

어떻게 해야 많은 사람이 바라는 투명한 관리비가 될까? 서울시 재건축 정보공개 사이트 '정보몽땅'처럼 하면 투명하고 공정한 것이 될까? 결코 아니다. 관리비가 많이 나오면 의심을 하게 된다. 투명하지 않은 것이다.

늘 그렇듯이 제도와 시스템보다는 운용하는 구성원이 문제다. 그렇더라도 좋은 시스템, 법, 규정을 갖출 필요는 있다.

이 책은 부지불식간에 묵인되고 있는 불합리한 관행들에 대한 이야기다. 작은 불공정이라도 바로잡지 않으면 우리가 바라는 공정사회는 구호에 불과할 것이다. 나는 이 책을 통해 비난보다는 방법을 찾고 대책을 이야기하고자 한다. 일상의 작은 일부터 바로잡아야 한다.

차례

집합건물은 구분 소유의 형태로 소유하는 건물로 상가, 오피스텔, 다가구주택, 아파트형 공장 등도 포함된다.

이 책이 관리비를 줄이고자 하는 관리인, 구분소유자, 입주민 등 관계자들에게 조금이라도 도움이 되었으면 한다.

※ 이 책은 집합건물의 소유 및 관리에 관한 법률(약칭: 집합건물법) 중심으로 진행하였으며 '법'은 집합건물법을 의미합니다.

1

관리비
전쟁의 시작

관리비에 대한 의구심이 많다. 문제가 도처에 있다.

절감 대상은 공용 관리비다.

(1)

건물관리 계약의 허점
- 도급이냐 위탁이냐?

앞 사례의 표를 다시 보자.

00지역 중심상가 주요빌딩 공용관리비 비교

(단위: 천 원)

구분	면적 (평)	일반 관리비	공용 사용료(세대 사용료 제외)				관리비 합계	평당 관리비(원)
			전기료	수도료	냉난방	소계		
J타워	29,100	135,757	79,460	13,787	18,281	111,528	247,286	8,486
OB	26,610	95,829	33,095	5,554	10,793	49,444	145,272	**5,459**
IS	12,600	68,729	28,258	5,377	11,787	45,422	114,152	9,020
US	12,300	71,924	30,787	6,015	13,821	50,624	122,549	9,982

사례의 OB 빌딩은 공용관리비가 주변 건물대비 매우 저렴하다.

그래도 누군가에게는 과다하다고 생각된다. 공실인 경우 특히 더하다.

집합건물은 공용비율이 보통 60% 내외로 15~25%인 아파트에 비해 공용부분 비중이 크다. 관리비용이 많을 수밖에 없다.

그런데 공동주택관리법에 따르는 아파트보다 관리가 허술한 것도 사실이다.

의심되는 부분이 많다.

공용관리비는 크게 일반관리비와 공용사용료로 나눌 수 있고 일반관리비는 인건비(용역비)와 수선유지비로 나눌 수 있으며 공용사용료에는 전기료, 수도료, 냉난방요금이 포함된다.

공용관리비는 대체로 인건비 50%, 수선유지비 15%, 공용사용료 35% 비중이다.

전유부분 사용료 즉, 각 세대사용 전기로, 수도료 등은 제외한 비율이다.

계절에 따라 공용사용료의 변동이 크다.

앞의 표에서 인건비는 공용관리비 전체의 약 절반인 48.1%를 차지한다.

인건비에 무슨 문제가 있을까? 없어 보인다.

아니다. 허술하다. 새고 있는 것이다.

● 집합건물 대부분은 건물관리업체와 2~3년 도급(용역, 위탁)계약을 맺고 매월 일정액을 건물관리업체에 지급하고 있다.

용역비에는 통상 직접 인건비(급여, 수당, 식대 등)와 간접 인건비(퇴직적립금, 연월차수당, 국민연금, 건강보험 등 4대 보험료 등), 그리고 피복비, 현장운영비 등 제경비와 기업이윤이 포함된다.

1) 먼저 퇴직적립금을 보자.

퇴직금의 법적 정의는 계속 계속근로 연수 1년에 대해 30일분 이상의 평균 임금을 지급하는 것을 말하며 그에 대비하여 매월 적립하는 것이 퇴직적립금이다.

그런데 관리사무소 직원들은 이직이 잦다. 따라서 1년 이상 근무하는 사람들이 3분의 2 내지 4분의 3정도이다. 즉, 1년 이내 그만둔 약 3분의 1내지 4분의 1 정도는 퇴직금을 받지 못한다.

용역비중 월 직접 인건비가 60백만 원이라고 하면 그의 12분의 1, 즉 5백만 원을 퇴직적립금 용도로 관리회사에 매월 지급한다. 1년이면 60백만 원이고 2년이면 120백만 원이다. 그런데 실제 지급한 퇴직금은 많아야 3분의 2 나 4분의 3 정도될 것이다.

그렇다면 퇴직적립금으로 관리업체에 지급한 용역비 120백만 원 중에 약 30~40백만 원은 과다 지급한 것이다. 이것을 돌려받아야 한다.

위 사례의 OB빌딩은 매월 4,300,000원을 적립하였는데 2년 뒤 25,100,000원의 잉여금이 발생했다. 용역비에 포함되어 지급되었다면 절감 대상인 것이다.

2) 연차수당

연차수당은 연차휴가 보상비다.

이것도 매월 용역비에 포함하여 관리회사에 지급되고 있다.

먼저 연차발생 기준을 알 필요가 있다.

최초 입사 시 1년간은 1개월당 1일씩 발생하여 11개월 후에는 11일이 된다.

입사 1년이 지나면 15일이다.

연차수당 = 미사용 연차일수 x 통상임금

용역비로 얼마를 지급해야 할까?

전 직원 휴가반납으로 최대 15일로 계산할 것인가? 적당히 7일로 계산할 것인가?

관리업체마다 청구액이 다르다.

상기 OB 빌딩은 수년간 연차수당 충당금으로 매월 약 2,000,000원을 지급했다.

그런데 관리업체는 연차사용촉진제도를 활용하여 휴가를 독려한다. 특히 할 일 많은 연말에 건물관리가 어떻게 되든 상관없이 직원들이 휴가를 가도록 한다. 관리단에서는 연차 휴가보상비조로 관리업체에 매월 일정액을 지급하고 있는데도 그것을 아끼려는 것이다.

연차사용촉진제도는 규정에 따른 조치만 하면 근로자가 휴가를 가지 않아도 연차수당을 지급하지 않아도 되는 제도이다. 그러니 직원들은 연차휴가를 쓰게 된다. 아예 근로계약서에 연차수당을 청구할 수 없다고 쓰기도 한다.

여기에도 허점이 있는 것이다. 연 약 24백만 원을 용역비에 포함하여 지급하는데 관리업체는 직원들에게 과연 얼마를 주고 있을까?

보통 연말기준 연차수당을 정산하여 직원들에게 지급하는데 관리회사에 따라 그 기준이 다르다고 한다.

이것도 실비정산 해야 한다.

3) 국민연금 등 4대보험

국민연금 가입연령은 만60세까지이다.

그런데 관리사무소 직원 대부분이 나이가 많다. 특히 미화, 보안은 100% 60세 이상일 것이다, 그리고 시설직원들도 은퇴할 나이에 자격증을 따 새 출발하는 사람이 많다. 따라서 국민연금 납입용으로 용역비에 포함된 금액 상당 부분은 절감 대상인 것이다.

사례의 OB빌딩은 국민연금 항목으로 매월 1,289천 원을 지급하고 있다.

실제로 관리업체는 얼마나 지급했을까?

OB빌딩은 나머지 건강보험, 고용보험, 산재보험과 함께 실비정산하고 있으며 연간 약 6백여만 원을 절감하고 있다.

4) 직접 인건비(기본급, 제수당)는 문제가 없는가?

건물관리회사 선정 입찰에서 가격의 평가 비중이 높다. 따라서 업체들은 낙찰을 위해 최대한 낮춰 참여한다. 낮게 책정된 용역비 총액한도내에서 빠듯하게 운용되기 때문에 문제가 없어 보인다.

그러나 건물관리업체와 계약 후 1년 6개월 동안 직원들의 출결 상황을 파악해 보았다. 직원 이직이 너무 잦다. 시설과장과 주임의 교체가 특히 많았는데 그에 따른 공백기간이 합하여 과장은 약 4개월, 시설직원이 약 3개월이나 되었다.

퇴직하고 새로 채용하는 데 발생된 공백이다.

일주일이 멀다 하고 그만두고 그러면 새로 뽑고 또 얼마 뒤 그만뒀다고 하는 상황이 되풀이되었다.

그 이유가 궁금했다.

처음에는 소장의 보고대로 시설규모가 커 감당할 수 없을 것 같아 퇴직하는 줄 알았다. 다들 편한 일자리를 찾는 세상이니까 그럴 수 있다.

그 다음 이유로 관리업체에서는 급여가 작아서 퇴직한다고 하는데 이것은 납득할 수 없다. 채용 시 급여조건을 수용하고 입사했는데 불과 며칠 만에 그만둔다?

수용하기 어려운 퇴직 이유다.

관리업체와의 용역계약은 계약기간 동안 유지해야 한다. 설령 그런 이유가 있더라도 당초 계약을 준수해야할 관리업체가 할 얘기는 아니다.

관리단에서는 관리업체의 의도적인 소극적 대처가 지적되었다.

이직 이유가 무엇이든 과장 4개월, 주임 3개월 공백은 직원 관리를 방치한 것이다. 공백기간만큼 관리업체는 용역비가 남는다. 관리업체의 소극적 대처 및 고의성이 의심되는 상황이다.

관리단이 계산한 용역비 잉여액은 약 25백만 원이나 긴 시간 논쟁 끝에 그 일부를 직원들 급여로 지급한 것을 인정하고 문제 제기 후 2개월 만에 최종 12,400,000원을 회수하였다.

전쟁이다. 비공식 수익을 잃지 않으려는 관리업체와의 전쟁이다. 작은 건물에서 일어나는 작은 전쟁이다.

공백기간 동안 관리사무소 업무는 남아 있는 소장 이하 몇 사람에게 가중된 것이다. 무슨 일을 제대로 했겠는가? 정상적인 관리가 되지 않았을 것이므로 손해배상까지 청구해야 할 사안인 것이다.

● 도급계약과 위탁계약(또는 위임계약)의 차이

그런데 그 잉여 용역비를 정산할 수 있는가? 계약서 따라 다르다. 계약서에 달려 있는 것이다.

집합건물 관리계약서 표제 또는 명칭으로 도급계약서가 많이 사용된다고 한다.

도급계약은 일을 완성하고 그 대가를 지급하는 계약이다. 민법 664조 (도급의 의의).

그런데 건물관리는 물건을 만들어 완성하는 것이 아니라 지속적으로 용역을 제공하는 행위이다. 도급계약의 정의와는 다른 것이다. 그런데 왜 도급계약의 명칭을 사용할까?

위탁계약은 일정한 사무처리 계약으로 그 과정의 성실성 등이 중요할 것이고 도급계약은 일의 완성, 결과가 중요하다. 지휘권에서 위탁계약은 위탁인, 도급계약은 수급인에 있는 점이 다르다. 도급계약은 일의 완성책임이 있어 불량에 따른 손해배상 책임이 있으나 위탁계약은 성실하게 수행하였으면 결과와는 무관하다. 이 차이로는 그 이유를 알 수 없다.

최근 소송에서 관리계약내용이 위임이라 해지할 수 있다는 입주자대표회의의 주장에 대해 계약서 제목과 세부항목에서 "도급"이라는 표현을 썼기 때문에 도급계약에 해당한다고 하여 입주자대표회의의 계약해지에 따른 손해배상 책임이 인정된 바 있다.

즉, 도급계약에서는 도급인(관리단)이 계약해지 시 손해배상 책임이 있을 수 있다는 것으로 수급인 즉, 관리업체에게 유리한 것이다.

더 중요한 문제가 있다.

건물관리계약서에 도급계약이 명시되고 정액으로 지급되고 있으며 정산에 대한 조항이 없다면 관리업자는 미사용분 용역비, 퇴직적립금과 연차수당 적립금을 반환하지 않아도 된다는 것이다.

도급계약 금액에 급여, 퇴직적립금, 연차적립금 및 4대보험료 등과 관리사무소 운영에 따른 관련 비용 일체를 포함하여 계약기간 동안 발생된 도급 금액에 대하여 관리업자는 잉여금이 있어도 반환할 의무는 없다고 한다.

즉, 정액 도급계약에서는 용역비 잉여금이 부당이익이 아니라 정당한 이득이 되며 반환할 필요가 없다는 것이다. 명백하게 관리업체에 유리한 계약이다.

그럼에도 많은 관리현장에서 도급계약의 명칭을 쓰는 이유는 무엇일까? 계약체결 시 통상 계약서를 전문가인 관리업체에서 만들어 온다. 비전문가인 관리인은 금액과 인원 등 몇 가지만 확인할 것이다. 도급계약과 위탁계약의 차이를 아는 사람이 얼마나 되겠는가? 그저 전문가인 관리회사 대표가 다 그렇게 한다고 하면 그런 줄 알고 서명하고 날인도 할 것이다. 관리업체가 자신들에게 유리한 계약서를 만들어 오기 때문인 것이다. 건물관리 계약에서 무심코 넘어가는 '도급계약서'의 함정인 것이다. 디테일이 얼마나 중요한가?

건물관리계약은 계약기간 2~3년간의 지속적인 관리, 즉 처리 과정이 중요하다. 그리고 미흡할 경우 계약해지 등 제재도 필요하다. 물론 표제에 상관없이 세부 계약내용으로 정산조건을 따로 정할 수도 있다. 그러나 계약서 제목에 굳이 '도급계약'을 쓸 필요는 없는 것이다.

관리비는 입주민이 부담한다. 관리비부과 책임이 있는 관리업자가 관리비와 용역비를 부당하게 사용하지 못하도록 계약서를 세심하게 살펴야 한다.

그렇게 함으로써 용역비의 부당사용 시 배임이 될 수 있도록 하고 자기 수익으로 하면 횡령이 될 수 있도록 할 필요가 있는 것이다.

(2)

안전점검 법 규정의
의문과 관리비

수선유지비 중에 마른 수건을 짜고 또 짜듯 운용해도 줄일 수 없을 듯한 지출이 있다.

다음 표에서 보듯 각종 법에 따라 매년 또는 주기별 지출(건축물, 전기, 기계설비, 소방시설, 승강기, 급수, 냉난방 시설, 배관 등 안전점검비 및 유지비, 재산종합 보험료, 냉동기 및 열교환기, 저수조 청소 등)해야 하는 비용이 연간 수천만 원 이상이다.

법에 따른 건축물, 시설 유지 비용 현황(2022. 8.)

구분	점검내용	관계법령	점검주기	비용	점검업체
건축설비	건축물 유지관리 정기점검	건축관리법 제13조	최초 5년 이나 1회 점검이후 3년마다 1회 이상	4,180,000원/1회	소관청의 지정업체
	정기점검	시설물의 안전 및 유지관리에 관한 특별법 규정	반기 1회 이상	4,000,000/2회	관계법령 등록업체
	정밀진단		3년 1회 이상	1,970,000원/1회	〃
	정밀안전진단		5년 1회 이상	2,500,000원/1회	관계법령 등록업체

전기 설비	전기설비 직무고시	전기사업법 제73조	매년 1회 이상	1,980,000원/년	관계법령 등록업체
	자가용전기 설비검사	전기안전 관리법 제11조	3년 1회 이상	2,179,870원/1회	전기안전 공사
기계 설비	기계설비 성능점검[1]	기계설비법 제17조	매년 1회 이상 2022년 시행	20,000,000원/년	예상금액[2]
소방 설비	작동기능점검	소방시설 설치. 유지 및 안전관리법	매년 2회 이상	13,200,000원/년	관계법령 등록업체
	정기점검		매월 1회 이상		
승강 기	정기검사	승강기안전 관리법 제13조	매월 1회 이상	26,466,500원/년	관계법령 등록업체
	승강기 안전검사	동법 제32조	매년 1회 이상	3,322,000원/년	한국승강기 안전공단
실내 공기 질	지하주차장 공기질점검	실내 공기 질 관리법 제3조	매년 1회 이상	1,000,000원/년	관계법령 등록업체
도로	도로점용료	지방세징수법 제30조	매년	7,399,750원/년	구청
화재 보험	건물, 승강기 주차장 등	화재보험법 제5조 승강기안전 관리법 제30조	매년 갱신	38,006,200원/년	보험사 비교견적
지하 저수 조	저수조 물탱크청소	수도법 제33조	반기별 1회 이상	1,200,000원/년	관계법령 등록업체

---

1) 기계설비성능점검 제도는 기계설비법 제17조 제2항에 따라 연면적 30,000㎡ 이상은 2021.8. 9. 기준 매년 1회 실시, 위반 시 과태료 5백만 원

2) 2022년 본격 시행되면서 인근 80,000㎡ ~ 90,000㎡규모의 빌딩 예상 비용이 2,000만 원에 달하였으나 기한 임박하여 22. 12월 입찰로 190만 원에 처리.

열교환기	세관 및 청소	법규정은 없으나 기계설비의 성능유지 및 효율성 제고 위해 실시	매년 1회 이상	1,500,000원/년	등록업체
냉동기	세관 및 청소		매년 1회 이상	9,300,000원/년	등록업체
합계	주요시설 연간 유지 관리 비용			127,204,320원/년	

註; 2022년 8월 자료임. 각 건물 및 시설의 규모가 다르며 시설별 점검 주기가 다르므로 실제 연간 지출액과는 차이가 있음.

그러나 여기서도 적지 않은 금액을 줄일 수 있다.

각주2에서 보듯 2022년도에는 기계설비성능점검 제도의 본격 시행으로 건물마다 비상이 걸렸다. 시간이 지나면서 점검 사례가 속속 접수되었는데 인근 유사규모 빌딩 (00 푸르지오)의 점검비가 2천만 원에 달했다.

그런데 이것을 매년 해야 한다. 점검비가 2천만 원이면 차라리 과태료 5백만 원을 내자. 그리고 점검은 내년에 하자고까지 했다.

그런데 웬일인지 점검기한이 2022. 8. 8.에서 12. 31.까지 연장이 되었다. 좀 더 버틸 수가 있게 된 것이다.

그해 12월 6일에 입찰을 실시했는데 놀랍게도 가격이 많이 내려가 있었다. 1위가 H소방 190만 원, 2위가 H시설388만 원, 3위가 S시설 588만 원 그 밖에 2개 업체가 9백여만 원, 1천여만 원을 써 냈다.

당초 예상금액 대비 10분의 1, 무려 18백여만 원을 절감하게 된 것이다.

관리소장이 너무 싸게 하면 문제가 있지 않을까요? 한다.

소관청에 자격을 인정받아 등록되어 있는 업체에서 점검하고 결과를 소관청에 보고까지 하는데 엉터리로 할 수 있을까? 겨우 190만 원 때문에? 그리고 앞으로 매년 할 일이다. 쓸 데 없는 걱정이고 무책임한 말이다.

1년 동안 관련 업체가 많이 생겨 경쟁이 치열해지는 바람에 크게 절감할 수 있게 되었던 것이다.

● 상기 표에서 보듯 건물의 안전관리를 위한 각종 법 규정이 있다.

시설물의 안전 및 유지관리에 관한 특별법, 건축물관리법, 기계설비법, 전기사업법, 전기안전관리법, 승강기안전관리법, 실내 공기질 관리법, 소방시설 설치유지 및 안전관리법, 수도법 등

각각의 법이 다르면서 서로 중복되는 면이 있다.

시설물의 안전 및 유지관리 특별법에 따라 정기점검(연2회, 정밀점검(규모에 따라2~4년 1회), 정밀진단(4~6년 1회)을 받아야 하는데 여기에는 건축설비, 소방설비, 승강기설비, 전기설비를 제외한다. 남는 것은 건축물이다. 즉 '시설물의 안전 및 유지관리 특별법'은 건축물 유지관리 특별법인 셈이다.

그런데 건축물은 '건축물관리법'에 따라 건축물유지관리 정기점검을 매3년마다 받고 있다. 시설물특별법에 따른 건축물점검과 건축물관리법에 따른 점검이 무엇이 다를까?

중복 점검하는 것은 아닌가? 물론 일부 중복 항목은 면제되기도 한다.

또 건축물관리법 13조에 따른 정기점검은 구조안전, 화재안전, 건축설비, 에너지 및 친환경 관리, 범죄예방, 건축물관리계획의 수립 및 이행 여부 등을 점검한다고 되어 있다.

즉 화재안전이 점검 대상에 포함되어 있는데 '소방시설 설치유지 안전관리법'에 따른 소방시설의 작동기능점검 연2회, 정기점검 월 1회와 중복된다.

'기계설비법'에 따른 점검대상에는 냉 난방, 급수, 급탕, 오수정화, 방음 방진, 자동제어, 공기조화 청정, 환기 시설 점검이 포함되어 있다.

'실내 공기 질 관리법'에 따른 점검과 일부 중복되는 것이다.

물론 각 법이 다른 점이 있을 것이다. 그러나 관리현장에서는 답답하다. 누가 해결해 줄 것인가?

건물의 안전을 위한다지만 너무 많다. 종합할 필요가 있다.

● 또 다른 관리비 가중 요인이 있다.

각종 법에 의거 건물규모에 따라 안전점검을 받는 것 외에 안전관리자를 선임해야 한다.

전기안전관리자, 소방안전관리자, 가스안전관리자, 승강기안전관리자, 시설물 안전관리자, 위험물관리자, 건축물유지관리자 등, 선임 기준을 위반하면 과태료의 불호령이 떨어진다.

● 최근 법 시행 사례를 보면, 앞에 언급한 기계설비법 제19조(기계설비유지관리자 선임)에 따라 2022년 12월까지 자격증 보유인원 책임1명, 보조1명을 추가로 고용하게 되었다. 부득이한 경우 임시등급 직원을 선임할 수 있는데 선임수당을 20~30만 원 지급해야 한다. 위반 시 과태료가 1차 3백만 원, 2차 4백만 원, 3차 5백만 원이고, 지연 신고 30~50만 원, 거짓 신고100만 원이다.

화재대피 방송시설과 CCTV 관리에 관한 정보통신공사업법 시행규칙의 의무시행 기한이 2026. 1. 18.이다. 그에 따라 조만간 관련 설비 점검업자 및 유지관리자를 선임해야 한다.

이 또한 소방시설법과 중복이며 관리비 상승요인이다. 답답한 일이다.

● 건물의 안전관리를 위해 필요한 법정 인원이라고 한다.

법정 자격증을 소지한 인원은 고용해야 한다. 그러나 실태를 조사할 필요가 있다. 그들이 매일 실제로 하는 일이 무엇이고 매일 그들이 필요한지. 인근 건물과 연계해서 같이할 수는 없는지 또는 관리업체에서 주기적으로 순환 출장으로 점검해도 되는 일은 아닌지.

법으로 정해졌으니 관련 법 시행에 권한과 책임 있는 사람들이 조사하고 해결책을 제시해야한다. 관리소장도 답답하다고 하소연한다. 관리인은 알 수가 없다. 법대로만 해야 한다.

각 건물에서 필수적인 자격증 인원을 고용하고 나면 추가 고용여력이 없다. 그로 인해 작은 수선, 작은 수리를 할 수 있는 인원을 고용할 수 없게 된다. 고정되고 노화된 자격증 문제는 건물관리에 큰 애로 사항이다. 그로 인해 작은 수선도 외부에 용역을 맡겨야 한다. 외부 공사는 출장비만 최소 30~100만 원이다.

● 도로점용료로 매년 1천만 원 이상을 내고 있다.

주차장 출입구와 연결된 도로변 일부면적이 계산되어 청구된다. 건물주변 인도는 대부분 우리 건물 소유이며 차량출입도로 대부분이 건물소유다. 연결도로의 일부가 계산되는 것이다. 점용의 뜻은 그 물건에 대한 사실상의 지배를 뜻하며 일반인에게 허용되지 않는 배타적 사용권을 부여하는 것이다. 그러나 누구나 사용하는 도로변 연결부지에 매년 큰 금액이 부과되고 있는 것이다.

건물 주변 인도는 우리 소유다. 그런데 누구나 무상으로 다닌다. 우리 땅도 통행료를 받을까?

무엇을 어떻게 하면 투명하게 되고 관리비가 줄어들까?

앞 표에서 보듯 매년 수~천만 원이 법정 비용 등으로 부과되고 지출된다.

입주민들은 관리비가 많다고 관리단과 관리사무소만 의심한다.

● 주차수입, 잡수입을 늘려라.

이외에 수선유지비로 각종 기계, 시설, 배관 등 수리비가 있다.

그런데 실제 수리비중 상당금액은 수선적립금으로 처리할 수 있어 관리비로 부과하지 않아도 된다.

수선적립금은 두 가지가 있다. 장기수선계획서에 따라 각 세대별 면적비례해서 적립하는 금액과 주차수입 등 잡수입 잉여금에서 전환된 수선적립금이 있다.

건물 수입(주차수입 등)이 많으면 수선적립금으로의 전환금액이 많으므로 그만큼 입주민의 관리비 부담이 적어진다.

장기수선계획이 수립되어 시행되고 있는 건물이라면 수리 내용에 따라 장기수선계획 및 긴급공사 대상으로 간주되어 수선적립금으로 처리하고 있다. 입주민이 부담하는 관리비(수선유지비)는 절감할 수 있는 것이다.

잡수입을 늘리는 것도 관리비 절감의 주요 수단이 될 수 있는 것이다.

[3]
공용 사용료 문제

공용사용료는 공용부분 전기료, 수도료, 냉난방비가 있다.

● 전기료 부담이 가장 크다.

이 부분에 대한 의심이 많다.

대낮에 환하게 켜 놓은 복도 전등을 보면 한마디씩 하게 마련이다.

오피스텔 복도 주간 격등 시 전기료 부담을 따져 보았다.

오피스텔 복도 LED등 10개 × 13개층 × 3개동 = 총 390개

하루 9시간 × 30.5일 = 274.5시간/월

20W LDE 390개를 하루 9시간씩 한 달 사용 시

(20W×390개×9시간×30.5일) ÷ 1,000(단위변경) = 2,141.1kWh

일반용 고압 단가로 150원을 적용하면

2,141.1 × 150원 = 321,165원

321,165원 ÷ 320세대 = 1,004원/월, 세대당

321,165원 ÷ 320세대 ÷ 30.5일 = 하루 33원/세대당

흐린 날과 밝은 날이 반반이라면 이 금액도 반인 월 500원이다. 날씨는 때로는 변덕이 심해 하루에도 몇 번씩 흐림과 밝음이 바뀐다. 그때마다 켰다 껐다 해야 하는데 누가 해만 보고 있겠는가? 흐린 날 복도 전등이 꺼졌을 때 매우 불편하다. 민원도 많이 접수된다. 둘 중 하나만 해야 한다면 켜 두는 것이 좋은 것이다.

관리소 직원들이 이 적은 금액을 위해 ON 할지 OFF 할지를 신경 쓰는 것보다는 다른 일을 더 신경 쓸 수 있도록 하는 것이 나을 것 같다.

한여름의 열 요금, 냉방시설 가동 시기 및 시간 조정 등에 대한 이견과 민원이 종종 있다. 누구는 덥다고 하고 누구는 춥다고 하고 민감한 시기가 있다.

모두가 만족할 수 있는 방법은 없는 것 같다.

그러나 직원들도 시간을 잘못 적용하는 등 실수할 때가 종종 있다. 그런 실수가 즉시 정상화되고 되풀이되지 않도록 주의를 기울여야 한다.

● 월별 사용량에 따른 전기계약의 적정성 검토도 필요하다.

전기요금은 기본요금과 전력량요금 합계에 부가가치세를 더하고 전력산업기반기금이 포함되어 청구금액이 결정된다.

기본요금 및 전력량요금 단가는 전기공급방식(고압, 저압), 계약종별(주택용, 일반용, 산업용, 교육용, 농사용 등)에 따라 다르다.

주택용 전력은 사용량에 따라 기본요금은 3단계, 전력량요금은 3단계로 구분하여 누진율을 적용된다.

주택용 전력을 제외한 모든 계약종별의 기본요금 적용은 계약전력을 기준으로 하므로 계약전력은 요금계산의 기준이 되는 요금적용전력이 된다.

다만, 최대수요전력계를 설치한 경우어는 검침 당월을 포함한 직전 12개월 중 12월분, 1월분, 2월분, 7월분, 8월분, 9월분 및 당월분의 최대수요전력 중 가장 큰 최대수요전력을 요금적용전력으로 하여 기본요금을 산정한다.

최대수요전력을 기준으로 12개월간의 전기 기본요금이 결정되므로 최대수요전력을 관리하는 것은 전기요금과 바로 직결되기 때문에 아주 중요하다.

최대수요전력이 짧은 순간, 단 한번만 높게 올라가도 그 수치로12개월, 즉 1년 동안 높은 기본요금이 산정될 수 있다.

평소 전력 사용량이 낮다 하더라도 더운 여름 날, 에어컨과 기계를 동시에 가동한다면 전력 사용량이 갑자기 높아져 최대수요전력으로 결정될 수도 있는 것이다.

● 기타 유의사항

관리사무소에는 보안 또는 시설직원을 둘 수 있는데 이들을 감단직(감시적, 단속적 직무) 근로자로 분류할 수 있다. 감단직 근로자는 감시적 또는 단속적 업무를 수행하며, 근로기준법의 일부 규정이 적용되지 않는다.

즉 해당 직원이 감단직으로 지방노동청에서 승인되면 연장·휴일근로수당, 주휴수당, 야간근로 가산수당 등을 배제할 수 있다.

감단직 승인 요건을 보면

▶ 감시적 근로자: 심신의 피로가 적은 업무(예: 경비원), 1일 소정 근로시간 12시간 이내, 휴게시간 8시간 이상 확보 등.

▶ 단속적 근로자: 간헐적 업무로 휴게시간이 많은 경우(예: 수리기사), 실근로시간 8시간 이내 등.

투명한 관리비 선결과제

디테일이 중요하다(The devil is in the details)

그 누구든 얻은 이득을 스스로 돌려주지 않는다. 용역비가 남았다고 돌려줄 업체가 있는가?

꼼꼼하고 철저하게 따져 봐야 한다.

관리비 절감을 위해서는 용역비(인건비) 정산과 함께 퇴직적립금, 연차적립금 등 정산도 필요하다. 국민연금 등 4대보험도 정산해야 한다. 정산하려면 명칭을 '도급계약서'가 아니라 위탁계약서, 용역계약서로 해야 한다. 도급계약서는 원칙적으로 잉여 용역비 반환의무가 없다.

이런 것은 누군가의 비공식 수익원일 것이다. 그래서 싸움이고 전쟁인 것이다.

계약서 제목뿐만 아니라 그 내용도 중요하다. 또한 현장에 대한 지속적인 감독과 관심이 필요한 것이다.

건물의 안전관리를 위한 각종 법이 중복되어 보인다. 정리가 필요한데 누가할 수 있는가?

또한 각종 안전관리자 선임에 대한 실태조사가 필요하다. 관리소에 각 분야별로 선임된 안전관리자가 실제로 그 역할을 얼마나 하고 있는지, 용역비만큼 관리업무에 도움이 되고 있는지, 관리소에 반드시 필요한 자격인지, 본사 순환 점검으로 할 수는 없는지 조사해야 한다.

법으로 밀어붙일 것이 아니라 현장의 반응과 의견을 들어 봐야 한다. 법을 잘 모르는 구분소유주, 입주민이라고 도외시하지 말고 세밀하게 파악해야 한다. 누가 해야 하나?

관리비의 투명성은 크게 두 가지에서 결정된다.

의사결정 구조와 시스템의 디지털화다.

다수에 의한 의사결정은 분명히 공공성과 정당성, 다양성으로 인해 최선이다.

그러나 매 건 많은 시간이 소요되는 단점이 있고 참여자간 의견 충돌, 알력이 생기게 되면 그 건물에 수년간 치유할 수 없는 최악의 결과가 초래될 수 있다. 또 매번 평가위원회, 관리위원회를 소집하면 수당지급이 필수적인데 소집비용도 분쟁요인이다.

회계 및 문서의 전자 시스템의 구축 및 공개는 언젠가 반드시 필요한 조치이다.

그러나 그것이 관리비의 투명성과 절감을 보장하지는 않는다.

법과 시스템이 아무리 좋아도 완벽할 수 없다. 더 중요한 것은 참여자, 구성원의 운용자세다. 관리업체, 관리소직원, 용역업체, 관리인, 관리위원 등.

    안전을 위한 법과 규정이 늘어나고 시스템이 새로 도입됨에 따라 세상은 갈수록 복잡해지고 혼란스러워지고 있다. 그런데 그 목적은 달성되고 있는가? 의문인 것이다.

    그리고 작은 용역계약도 경쟁입찰을 원칙대로 해야 한다.

    매년 시행되는 소방안전점검은 무섭다. 무서운 이유가 장애 보완기간이 짧다는 것이다. 매년 수십 건 지적사항 보완공사를 해야 하나 입찰을 할 수가 없다. 20XX년 지적사항 공사 견적이 37백만 원이다. 긴급입찰을 했더니 최저 입찰금액이 14백1십만 원이다. 문제는 주어진 기간 동안 공사를 마칠 수 있는 가이다. 최근 2년간 연속해서 보고 잘못으로 과태료 처분을 받았다. 소방서는 무섭다.

    잡수입과 수선적립금이 증가하면 관리비는 줄어든다. 따라서 주차수입 등 수입원을 개발하여 잡수입과 수선적립금을 늘릴 필요가 있다.

    입주민도 소유자도 주차료 인상을 반대단 해선 안 되는 것이다.

    이런 모든 일들이 선결되고 정리될 필요가 있다. 그렇지 않으면 투명한 관리비는 공염불이고 구호일 뿐이다.

2

관리단의
당연설립?

(1)
관리인 선임 저해요인과 관리비 폭탄

관리비 폭탄!

관리단이 제대로 구성되어 가동되면 그만큼 관리비에 대한 감독이 이뤄질 것이다. 그리고 관리단의 핵심은 관리인이다. 관리인이 없어 관리단이 구성되지 않았다면 관리비 폭탄을 감수해야 할지도 모른다.

사례의 OB빌딩이 그랬다. 입주초기 관리비 원성이 극에 달했으며 입주민 카페 회원중심으로 건물관리업자 교체를 추진하였다. 결국 어렵게 관리인이 선임되고 관리단이 구성되어 관리업자를 교체할 수 있었고 그 후 관리비도 정상화되었다.

건물에 대하여 구분소유 관계가 성립되면 구분소유자 전원을 구성원으로 하여 건물과 그 대지 및 부속시설의 관리에 관한 사업의 시행을 목적으로 하는 관리단이 설립된다. 법 제23조(관리단의 당연 설립 등) ①항

관리단이 당연히 설립된다는 것이다. 그런데 당연하게 설립된다고 하더라도 관리단이 실질적 행위를 하기 위해서는 관리인 선임과 규약

제정 등 구체적인 결과가 필요하다.

특히 관리인이 있어야 관리단이 존재하는 것이다.

〈집합건물법〉에서는 신축 분양되는 건물의 경우 관리단이 관리를 개시할 때까지 다음과 같이 분양자의 관리의무를 규정하고 있다.

① 관리단이 관리를 개시할 때까지 선관주의 의무를 부담

② 표준규약 및 지역별 표준규약을 참고하여 공정증서로써 규약에 상응하는 것을 정하여 분양 계약을 체결하기 전에 수분양자에게 제공

③ 예정된 매수인의 1/2 이상이 이전등기를 한 경우에 구분소유자들에게 관리단집회를 개최할 것을 통지하여야 하고, 통지를 받은 날로부터 3개월 이내에 구분소유자가 규약 설정 및 관리인 선임을 하기 위한 관리단집회를 소집하지 아니하는 경우에는 지체 없이 이를 위한 관리단집회를 소집하여야 한다. 법 제9조의3

관리단 구성의 필수 요소는 관리인과 관리규약, 그리고 관리단집회이다.

그러나 분양자(시행사)의 관리단의 구성의무 이행에 매우 큰 걸림돌이 있다.

시행사에게는 하자담보 책임이 있다. 그 책임부담 기간이 공사 종류에 따라 2년, 3년, 5년, 10년이 있다. 그 기간은 제척기간으로 연장없이 소멸되며 기간 내 하자소송을 제기해야 한다. 그중 가장 비중이 크고 중요한 것이 기산일 이전 하자를 포함하여 지붕 및 방수공사,

철골공사, 조적공사, 철근콘크리트 공사 등 건물의 구조상 안전상의 하자로 담보기간이 5년이다.

이 기간만 소송없이 지나가면 시행사와 시공사의 담보책임은 대부분 소멸된다. 소송없이 5년만 지나면 하자손해배상 수억~수십억 원이 절약된다. 관리단의 구성을 막는 큰 유혹이 아닐 수 없다.

관리단을 유명무실하게 만드는 방법은 2가지다. 관리인 없이 관리소장이 대신하게 하거나 시행사 보유지분을 이용하여 관리인으로 내 사람을 선임하는 것이다.

관리인이 없으면 하자소송은 진행할 수 없다. 또 관리인이 시행사나 시공사 사람이라면 같은 편을 상대로 소송을 하겠는가?

하자소송뿐만 아니라 관리비는 누가 통제할 수 있는가? 관리사무소의 적정인원을 누가 산정하고 장비 구매, 각종 용역비는 누가 감독할 수 있는가? 입주민에게는 관리비 폭탄이 될 것이고 분양자와 시공자에게는 크게 이익이 되는 큰 유혹인 것이다.

이런 현장이 많다. 큰 건물, 작은 건물 가리지 않고 관리인 없는 건물 또는 시행사 사람이 관리인이 된 건물. 그런 건물의 입주자, 구분소유자는 하자손해배상 피해, 관리비 폭탄에도 하소연할 길이 없다. 이런 작은 부조리가 묵인되고 있으니 큰 부조리도 눈감아 주는 것이다.

누가 해결해야 하나?

[2]

관리인 선출 해프닝

구분소유자가 10인 이상일 경우에는 관리인을 선임하는 것이 법적 의무사항이다.

구분소유자가 10인 이상일 때에는 관리단을 대표하고 관리단의 사무를 집행할 관리인을 선임하여야 한다. 법 제24조(관리인의 선임 등)①항

관리인은 구분소유자일 필요가 없으며, 그 임기는 2년의 범위에서 규약으로 정한다. 법 제24조 ②항

관리인은 관리단집회의 결의로 선임되거나 해임된다. 단 규약으로 관리위원회의 결의로 선임되거나 해임하기로 정한 경우에는 그에 따른다. 법 제24조 ③항

전유부분이 50개 이상인 건물의 관리인으로 선임된 자는 대통령령으로 정하는 바에 따라 시.군.구 소관청장에게 신고하여야 한다. 동

조⑥항

　관리인으로 선임된 자는 선임일로부터 30일 이내에 별지 서식의 관리인 선임 신고서에 관리단집회 의사록 등 선임 사실을 입증할 수 있는 자료를 첨부하여 소관청장에게 제출해야 한다. 법 시행령제5조의5(관리인의 선임신고. 2021. 2. 2. 신설)

　● 20XX. 3월 관리인 및 관리위원의 선거 안내문을 받았다.

　정년퇴직 후 시간 여유가 많다. 관심을 가지고 알아보니 40대 초반의 젊은 사람이 관리인에 지원한다는데 소유주도 아니고 거주지도 멀리 충청남도라는 얘기를 듣고 왜 관리인을 하려고 할까 의심이 들기 시작했다.

　보수가 있는 것도 아니고 봉사직인데 불순한 의도 말고는 다른 이유를 짐작할 수가 없다.

　아는 이상 그냥 두고 보고만 있을 수 없다. 부당한 일이 벌어질 것만 같았고 어쨌든 방치하면 안 되겠다는 생각이 들었다. 하여튼 쓸데없는 괜한 생각이다. 그 누군가가 더 잘할 수도 있는 것이다.

　건물관리업무는 생소한 업무 분야다. 집합건물법을 읽어 봤는데 못할 게 뭐가 있나 싶어 약간의 용기를 내서 지원했다. 관리인 후보로 그 40대 외지인과 본인, 2명이 등록했다.

　당선되려면 구분소유자 2분의 1 이상 득표를 해야 하는데 투표자

수도 간신이 절반 넘는 수준에서 구분소유자 절반 이상 득표는 사실상 불가능한 일이었고 결국 둘 다 떨어졌다.

관리단집회의 의사는 이 법 또는 규약에 특별한 규정이 없으면 구분소유자의 과반수 및 의결권의 과반수로써 의결한다. 법 제38조(의결방법)①항

즉, 투표율이 55%이면 투표자의 90%가 지지해도 득표율이 49.5%인 것이다. 단독 후보라도 몇 사람만 반대해도 떨어지는 것이다. 후보자가 둘이면 사실상 불가능하다.

한 사람이 그런 압도적 지지를 받을 수 없다. 사실상 선거는 하나마나 부결되는 것이다.

그해 20XX. 12월 임시총회가 소집되었다. 관리인과 관리위원 선임을 위한 총회다.

관리인 후보 등록 결과 지난 3월과 같이 두 사람의 재대결이 성사되었다. 상황이 되풀이되고 있었다.

입주민 까페에서는 관리인 불선임시의 건물 관리에 대한 우려 목소리가 커졌다.

관리인이 없으면 관리사무소를 통제할 사람이 없어 걱정도 되고 한편으로는 시공사를 상대로 하는 하자처리가 제대로 되지 않기 때문이다.

그래서 후보 사퇴 여부를 심각하게 고민하고 있었는데 그렇다고 외

부인에게 관리단을 맡길 순 없다며 사퇴를 적극적으로 말리는 분들이 있었다. 그건 그렇다.

누군가 사퇴하지 않으면 관리인 선출은 어렵게 되었다.

따라서 이번에도 관리인 선출은 어렵다 싶었는데 총회 직전 상대방 후보가 다음에 다시 나오겠다고 하며 후보등록을 철회한다. 관리단을 위해서 참 다행이었다.

20XX. 12. 17. 임시총회에서 단독 후보가 되었고 간신이 과반수 득표로 관리인으로 선임되었다.

투표자의 92%가 본인의 관리인 선임에 동의했지만 투표율이 55%로 소유자의 과반수 및 의결권(면적별)의 과반수를 겨우 달성한 것이다. 50.6%

단독 출마라도 관리단집회(총회) 의결이 쉽지 않은 것이다.

20XX년 12월 임시총회에서 관리인으로 선임된 후 마주친 현안이다.

① 고질적 상가 누수 – 시공사 늑장 및 부실 처리로 민원 고조
② 관리규약 제정 – 표준규약의 관리인 선임규정 등 변경 시급
③ 주차시스템 교체 – 잦은 고장으로 주차료 수입 구멍
④ 주차규정 개정 – 무료주차 3시간 등 개정 시급
⑤ 장기수선계획수립 및 수선적립금 적립 – 관련법
⑥ 외부회계감사 – 관련 법
⑦ 관리소장 교체 – 민원 고조
⑧ 예산편성, 총회준비, 하자소송 준비 등

현안이 너무 많다. 후회가 된다.

20XX년 3월 말 정기총회까지 남은 기간 약 3개월, 어느 것 하나 미룰 수 없다.

그런데 관리인이 임시총회에서 선출되었기 때문에 임기가 1년 3개 월밖에 안된다. 그 임기만료 전에 표준규약의 불합리한 의결 기준을 완화할 필요가 있다. 따라서 이번 총회에서 반드시 관리규약이 제정 되어야 한다.

법 제24조②항 '관리인은 구분소유자일 필요가 없다.'라고 되어 있다.

구성원이 구분소유자인 단체에 대표가 구분소유자일 필요도 없고 입주민이나 임차인도 아닌 전혀 무연고인 사람이 관리인(관리단의 대 표)을 할 수 있다.

그래서 그 사람이 연고도 없이 관리인을 하겠다고 했던 것인데 이해 하기 어려운 규정이다.

관리인은 아무나 할 수 있다는 것이 도저히 이해할 수 없어 구청 담당 공무원에게 법 제정 이유를 물어봤지만 명쾌한 설명은 들을 수 없다.

다만 건물 준공 후 소관청에서는 건물관리를 위해 건물관리단 구성 이 필요한데 그에 관심 있는 구분소유자가 거의 없으니 관리인으로 누 구든지 할 수 있게 하여 관리단이 쉽게 구성되도록 한 것으로 보인다.

법은 그렇다 치고 관리규약으로 그 자격요건을 제한할 수 있는가?

집합건물법을 보면 가능한데 우리 경험 많은 관리소장은 할 수 없다고 우긴다. 또 구청 담당 공무원에게 물어보았다.

담당 공무원은 당연하게 규약으로 관리인의 자격요건을 소유자 등으로 제한할 수 있다고 하면서 '집합건물 관리가이드'에 건물관리에 관한 많은 것을 실어 놨으니 세부 내용 등 궁금한 것이 있으면 찾아보라고 한다.

전혀 연고도 없는 사람이 소유자 단체의 대표가 되는 것을 규약으로 막을 수 있는 것이다.

또한 후보자가 두 사람 이상 경합할 경우 쉽게 다수결에 의해 결정되도록 바꿔야 했다. 2명 이상이 출마하면 구분소유자 과반수 득표는 산술적으로만 가능한 것이지 실제로는 불가능하다.

앞서 얘기했듯이 후보자 2명이 있고 투표권자 60% 투표를 했다고 치면 산술적으로 60*84%=50% 즉, 한 사람이 84% 득표해야 과반수를 달성한다.

84% 득표는 5분의 4를 넘는 압도적 지지이다.

그게 가능하겠는가? 대부분 구분소유자들이 전국 각지에 거주하면서 소유 물건을 임대하기 때문에 커뮤니티 형성이 매우 제한적이다. 어쨌든 압도적 지지는 현실적으로는 불가능한 일이다.

관리인 선임을 규약으로 총회가 아닌 관리위원회에서 결정하게 할 수도 있다. 법 제 24조③항

관리위원회가 온전하게 구성되면 그렇게 하는 것이 좋을 수 있다.

그러나 관리위원회 구성이 더 어렵다. 하려는 사람도 적고 출마해도 낙선할 가능성이 매우 크다. 그동안 관리위원 선거가 몇 차례 있었지만 관리위원 정원(우리 건물은 6명)은커녕 절반도 아닌 2~3명으로 운영되고 있다.

규약 제정을 검토하면서 관리위원 몇 사람이 관리인을 뽑는 것이 합당한가? 하는 의문이 생겼다. 아무래도 불합리한 듯하여 고민 끝에 규약에서는 관리인 선임은 총회에서 결정되도록 했다.

그 후 몇번의 선거에도 관리위원 정원은 제대로 충원되지 않았다. 결과적으로 잘한 결정이 되었다.

20XX년 4월 총회에서 관리규약을 제정[3]하면서 관리인은 외부인을 배제하고 소유자 등으로 그 자격을 제한하였고 관리인 선임 의결조건도 다소 완화하여 단독 후보는 구분소유자 및 의결권의 2분의 1 이상, 후보자가 2명 이상 시 과반수 투표에 다득표자가 선임되는 것으로 규정하였다.

● 2년 뒤 20XX년 3월 정기총회 관리인 선거에서는 4명이 후보로 등록하여 경쟁이 치열하다.

총 구분소유자 66.9%가 투표하였고 투표자 중 다득표(50.5%)로 필자가 당선되었다.

---

3) 분양대금 납부 시 시행사에서 제공하는 표준규약이 있으나 이는 규약에 준하는 공정증서일 뿐으로 관리단의 구성전까지 일정 부분 효력이 있다고 한다.

● 그러나 문제가 생겼다.

20XX. 4. 14. 관리소장이 관리인 선임신고차 해당 구청에 간다고 한다.

집합건물법에 관리인 신고제도가 도입(2021. 2. 5. 시행)되어 시행되고 있다. 관리인 신고의무를 위반하는 경우에는 200만 원 이하의 과태료 부과 대상이다.

오후 4시경 휴대전화를 확인하니 여러 통의 관리소장과 선거관리위원장의 전화가 와 있었다.

웬일인가 싶어 먼저 선관위원장에게 전화하니 관리소장이 관리인 선임이 잘못되었다며 총회를 다시 해야 하는 것 아니냐며 전화를 했다는 것이다.

바로 관리소장에게 물어보니 '관리인 선임 신고서' 담당 공무원이 상위 법(집합건물법)을 거론하면서 관리인 선임의결이 잘못됐으니 수리할 수 없다고 했다는 것이다.

이 관리소장은 법은 고사하고 인문계 쪽은 과하게 표현하여 문외한이다. 누가 어떻다고 주장하면 그대로 믿는다. 더구나 담당 공무원이 잘못됐다고 하니 잘못된 것이다.

관리소장은 큰일이 났다고 생각하고 관리인에게 전화하니 연락 불통이고 그래 선거관리위원들에게 전화하고 건물관리회사 본사에도 연락하고 하여 난리가 난 것이다.

그래 관리소장에게 다시 물었다. 뭐가 잘못이라고 합니까? 하니 상위법에 통상의 결의요건이 구분소유자 과반수 의결로 되어 있는데 그를 규약으로 변경할 수는 없다고 했다는 것이다.

바로 담당 공무원에게 전화했다.

"상위법에 위반된다고 하는데 그 규정이 강행 규정이냐?" 하니 뭔 뜻인가 이해를 못하는 눈치다. "그럼 당신들이 만든 '집합건물 관리 가이드'는 읽어 봤습니까?" 하니 읽어 봤다고 한다.

읽어 봤는데도 그런 소리를 하는 사람과 무슨 얘기를 하나?

3년 전 자문해 준 당시 팀장과 과장 이름을 얘기했더니 과장이 같이 근무하고 있다고 한다. 그러면 그분에게 물어봐라 하면서 한마디 더 했다.

"당신들 말대로 구분소유자 과반수 득표를 얻으려면 이번 투표율 67%에서는 투표자의 3/4 즉 75%의 압도적 지지를 받아야 하는데 단독 출마도 아니고 현실적으로 관리인을 뽑을 수 없다. 그리고 그 상위 법을 제대로 읽고 공부 좀 더 하고 빨리 상의해서 연락 주세요."

다음 날 오후에 관리소장에게 물어보니 아침에 담당 공무원이 전화하여 다시 접수하면 처리해 주겠다고 했다는 것이다.

그래 사과는 받았습니까? 하니 공무원한테 사과를 처음 받았다고 하며 흐뭇한 목소리다.

총회를 다시 해야 한다고 난리 칠 때는 언제고 이제는 마치 그전부터 알고 있었던 것처럼 얘기하는 사람이다.

사실 집합건물법 해당 조항을 한 번만 제대로 읽어도 다른 해석의 여지가 없는 것이다.

집합건물법 제38조(의결방법) ①항 '관리단집회의 의사는 이 법 또는 규약에 특별한 규정이 없으면 구분소유자의 과반수 및 의결권의 과반수로써 의결한다.'

과반수로 의결해야 하지만 그 문구 앞에 '이 법 또는 규약에 특별한 규정이 없으면…' 이라고 되어 있지 않은가.

또 법 제36조(결의사항)②항… 이 법에 관리단집회의 결의에 관하여 특별한 정수가 규정된 사항을 제외하고는 규약으로 달리 정할 수 있다.

여기에 무슨 다른 해석의 여지가 있는가?

참고로 의결권 관련 이 법에서 정한 특별한 정수 규정은 공용부분의 변경에 관한 것으로 법 제15조①항에 구분소유자의 3분의 2 이상 의결이 필요하다는 것과 제15조의2(권리변동 있는 공용부분의 변경)①항에 5분의 4의 의결 기준이 있는데 이 부분이 강행규정으로 규약으로 변경할 수 없는 것이다.

그 외는 통상의 결의요건을 따르되 규약으로 변경이 가능한 것이다.

다만 투표율 과반수는 변경할 수 없는 것으로 보는 것이 타당하다고 한다.

즉 과반수 투표에 다 득표 순, 또는 3분의 1 이상 찬성으로 의결한다 등으로 변경할 수 있는 것이다.

담당 공무원은 상위법을 근거로 위법 운운하면서도 그 상위 법을 읽어 보았는지 정말 어이가 없다. 많이 읽을 필요도 없다. 한 줄만 더 읽어도 이런 엉터리 소란은 없었을 것이다.

● 그런데 일주일 후 20XX. 4. 22. 소관청에서 공문을 보냈다.

집합건물법 제39조 제3항에 따른 의장과 구분소유자 2인 이상의 '서명날인'이 있어야 하는데 서명만 있고 날인이 빠졌으니 5. 2.까지 보완하라는 것이다.

기일까지 보완하지 않으면 과태료가 2백만 원이다.

문제는 서명날인이다.

서명 또는 날인이 아니니 서명과 날인을 다 해야 된다는 것이다.

통상 총회 의사록은 당일 회의 종료 후 작성하여 주요 참석 인사의 확인 서명을 받는다. 날인을 위해 도장까지 지참하라고 한다?

의사록에 날인까지 하는 총회? 그렇게 하는 데가 있을까? 서명만 하면 믿을 수 없으니까 날인까지 하라?

보통 총회에는 의장, 선거관리위원들과 관리위원들이 회의에 필수적으로 참석한다. 총회 현장의 진행 상황 및 결과를 기록하고 그들이 확인 서명하는데 그것보다 더 확실한 증표는 없을 것이다. 날인이 없어서 신분이 검증된 그들이 서명한 의사록을 믿을 수 없다는 것이다.

물론 제3자는 믿기 어려울 수도 있다. 그러면 날인한다고 믿을 수 있는가? 막도장 만드는 데 몇천 원이면 된다.

감독기관인 공무원들이 믿을 수 있으려면 인감증명서를 첨부케 하고 인감도장을 날인하게 하여야 한다.

　다음 표는 집합건물 관리가이드의 의사록 양식이다.

　물론 양식과 다르게 해도 된다.

000관리단 집회 의사록

　년　월　일 오후 시 ○○시 ○○구 ○○오피스텔 ○○에서 관리단집회를
개최하다.

　구분소유자수　○○○명　　참석 구분소유자　○○명

　관리인 ○○○이 의장석에 등단하여 본 집회가 적법하게 성립되었음을 알
리고 개회를 선언한 후 다음 의안을 부의하고 심의를 구하다.

의안: 관리인 선임에 관한 건

의장 ○○○은 출석한 구분소유자 ○○명이 찬성하였고 찬성한 구분소유자
의 의결권이 ○○%에 이르렀으므로 관리인 선임을 위한 결의가 성립하였고
구분소유자 ○○○을 관리인으로 선임하다.

선임된 관리인은 즉석에서 그 취임을 승낙하다. 선임된 관리인이 의장석에
등단하여 폐회를 선언하다.

(종료시간 ○○시 ○○분)

위 의사의 경과요령과 결과를 명백히 하기 위하여 이 의사록을 작성하고 의
장과 출석한 구분소유자 ○○○와 ○○○가 서명날인하다.

○○○○년 ○○월 ○○일

관리인　　　○○○　　㊞

구분소유자　○○○　　㊞

구분소유자　○○○　　㊞

총회가 끝난 지 한참 지나 의사록에 의장과 구분소유자 2명의 날인이 빠졌으니 보완하라고 하니 의사록을 하나 새로 만들라는 것 아닌가? 구분소유자 중 가까이 거주하는 분들을 통해서 새로 회의록에 도장을 찍어 만들 수는 있겠지만 그야말로 가짜 회의록 아닌가?

선거관리위원들은 선거가 끝나면 당분간 볼일이 없다. 그리고 관리위원은 안건이 있을 때 소집하며 1개월에 1회 정도 소집된다. 이것 때문에 재차 소집할 수는 없는 것이다.

이미 끝난 총회이고 주요 참석자인 선거관리위원장 및 선관위원과 관리위원 및 의장의 서명은 받았으면 되는 것이지 무슨 도장이 대단한 증명 효과가 있다고 그들의 날인을 받자고 회의를 소집하는가?

번거롭기도 하고 비난도 감수해야 한다. 회의 소집도 비용이다.

관리소장에게 그 담당 공무원 누구냐 했더니 본인이 연락하겠다고 한다.

그런데 그 관리소장은 사직서를 제출했고 며칠 뒤 교체됐다.

4. 24. 새로운 관리소장에게 얘기하니 본인이 담당 공무원과 통화하겠다고 한다.

그러고는 소식이 없다. 새로 온 관리소장이 업무 파악하느라 바쁠 것이고 아니면 잘 처리돼서 아무 말이 없겠다 싶어 기다렸다.

5. 9. 관리인선임신고 관련 가타부타 아무런 얘기가 없다.

보완 기일이 5. 2.까지였었는데 자칫 과태료 대상이 될 수도 있다.

기다리다 못해 관리소장에게 관련 사항 진행 내용을 물어봤더니 아무 소식이 없다면서 또 전화를 해 보겠다고 한다.

답답하다. 해결되지 않고 걸려 있는 사건을 관리인이 기다리다 못해 애기해야 확인하나? 미결 시 과태료 2백만 원이 처분될 수도 있다. 작은 일이라도 미해결 상태로 있으면 스트레스가 이만저만이 아니다. 얼마나 더 기다려야 하나.

정리될 필요가 있어 국토부에 민원을 넣고자 하니 사이버 민원은 국무조정실로 통합 운영되고 있었다.

아래 내용은 20XX. 5. 9. 국무조정실이 관리하는 규제개혁신문고에 등록한 내용이다. 쓰다 보니 장문이 되었다.

제목: 〈집합건물 관리인 선임신고 규제〉 건의번호;1246XX, 일자; 20XX. 5. 9.

[규제내용]

법 제24조(관리인의 선임 등) 제6항에 따라 소관 청에 관리인 선임을 신고하였는데 의사록에 서명은 되어 있으나 '날인'이 누락되었다는 이유로 수리를 하지 않고 보완 요구를 하고 있습니다.

[불편사항]

그동안 의사록에 의장, 선거관리위원 및 관리위원들의 서명을 받아 왔으며 그 사본을 소관청에 제출하고 수리되었습니다.

일반적으로는 본인 확인 후 서명만 해도 법적 효과는 100% 인정됩니다.

서명과 날인은 둘 다 위, 변조의 위험이 있습니다. 둘 다 한다고 그 위험이 사라질까요? 감독기관이 믿을 수 있어야 한다면 신분증, 인감 및 인감증명서까지 첨부해야 할 것입니다.

[개선요구]

의사록(회의록) 상의 '서명날인'에 대한 실제 적용 해석을 바랍니다.

《규제개혁신문고》 처리 진행상황

5. 9.(금)　18:30 국무조정실 〈규제개혁신문고〉 개선요청 등록

5. 10.(토) 13:50 내용수정(기관명 직접 언급보다 소관청으로 정정)

5. 12.(월) 09:23 국민권익위원회 〈국민신문고〉 이송

　　　　　　09:56 법무부 접수 통보

　　　　　　13:34 대한법률구조공단 이송 통보

　　　　　　16:19 대한법률구조공단 동부지사

　　　　　　　　 (민원인 거주지 관할)로 이송

그런데 5. 15.(목) 소관청에서 '관리인 선임등록 완료' 공문을 보냈다. 소관청의 요구대로 서류를 보완하지 않았는데도 신고서를 수리하여 마무리된 것이다.

만약 소관청에서 수리하지 않고 과태료를 부과하였다면 누구의 책임일까?

조치하지 않고 방치한 관리소장과 관리인 둘 다 책임이 있을 것이나

과태료가 걱정되어 진행 상황을 몇 번이나 물어본 관리인보다는 알아보겠다고 하고 그 결과를 보고하지 않은 관리소장 책임이 클 것이다.

국민신문고 답변은 그보다 늦게 6. 5. 등록되었다. 보통 민원처리기한은 최종 처리기관의 접수일로부터 7일 또는 14일이며 소관 법령에 따라 달라질 수 있다고 한다.

답변 내용 등 자세한 설명은 뒤에 나오는 3. [총회, 관리단집회] 의사록 편 참조

● 20XX년 3월 관리인 선거에서는 또 다른 해프닝이 있었다.

지나치게 극성스러운 후보자가 등장하여 총회가 무산될 뻔했다. 선거관리규정[4]의 필요성이 대두되었다.

20XX년 OO관리단 정기총회 개회선언 후 10분쯤 지나 관리인 후보자 김XX가 '위임장 및 위임신고서' 76매를 선관위에 제출하였다.

76매는 총 투표권자의 16%에 해당하는 적지 않은 숫자이다.

이로 인해 총회 진행이 멈추었고 선거관리위원들이 동 위임장을 일일이 검토하는 시간이 필요했다. 약 20분 정도 지나 선거관리위원장이 위임 건 76매에 대해 모두 무효로 선언하였고 총회는 속개되었다.

---

4)   선거관리위원회는 표준규약 제71조 ①항에 의거 선거관리규정을 제정할 수 있다. 단, 관리단집회(또는 관리위원회) 승인 필요.

[선거관리위원회 판단; 무효]

① 위임인의 자격 즉, 소유자 또는 점유자 여부 확인 불가

② 위임자 본인 의사 확인 불가 및 위임 증빙서류 부재

[위임 무효 및 업무방해 행위]

집합건물 관리단 총회는 구분소유자의 집회이다.

점유자는 구분소유자의 위임을 받아 참석하게 되는데 그 위임을 받은 투표권을 제3자에게 재 위임하는 것은 통상 용인되지 않는다고 한다.

그런데 후보자 김XX는 대부분(76매 중 75매)을 점유자로부터 위임을 받았으며 위임인 성명도 없이 상호만 써서 제출하는 등 인정될 수 없는 위임장을 무려 76표(총 투표권자의 16%)를 제출한 것이다.

일시 총회가 정지되어 혼란 상황이 되고 말았다. 다행히도 선거관리위원회에서 20여 분 만에 위임장을 모두 무효로 판정하여 회의가 정상적으로 속개되었지만

만약 위임 행위에 대한 판정이 늦게 내려지거나 판정을 미루는 등 다른 결과가 나왔다면 총회가 무산될 사건이었다.

집합건물은 구분소유자 수 외에 면적별 의결권도 같이 산정해야 한다. 76매에 대하여 동 호수 소유자의 투표여부 및 임차인 진위여부 확인, 면적 확인, 각 안건별 찬반, 전자투표 여부 확인 등이 마무리되려면 많은 시간이 소요될 것이다.

당일 집계는 불가능한 것이다.

[현 선거관리위원회 제재 곤란]

상당히 충격적인 20XX년 정기총회를 겪고 나니 건전하고 공정한 선거를 위해 후보자등록신청서 등 제출서류에 허위학력·허위경력을 기재한 경우와 불공정, 업무방해 행위에 대하여 제재 사항을 구체적으로 정할 필요성이 제기되었다.

그러나 그 규정을 만들어도 그의 실효성이 의문시되었는데 즉 고발 등 법적 조치의 실현성에 의문이 생겼다.

이번 사건은 후보자가 인근 아파트 현 동대표로 입주민 대상으로 하는 공동주택 선거로 잘못 알고 엉터리 위임장을 제출한 것으로 보이는데 모르고 한 행위를 어떻게 제재할 수 있는가? 선거관리규정이 있다 한들 고발은 고사하고 뭘 할 수 있을까?

실제 공직자 선거법 위반 사례를 돌아봐도 각 판결에 많은 시간이 소요되고 그 결과도 명쾌하지도 않은 바 이런 작은 조직의 선거규정은 있으나 마나 한 사문화 가능성 큰 것이다.

따라서 후보 공고 및 등록 시에 거짓, 불공정, 업무방해 금지 등에 대한 사전 각서를 받아 보완하기로 하였다.

그리고 관리사무소 직원들의 선거업무에 대한 기본지식과 중립적이고 엄정한 자세에 대해 사전교육이 필요했으며 이는 건물관리회사의 감독책임으로 강조할 필요가 있는 것이다.

[기타 관리인 관련]

관리단 구성의 핵심은 관리인이다.

건물에 대하여 구분소유 관계가 성립되면 구분소유자 전원을 구성원으로 하여 건물과 그 대지 및 부속시설의 관리에 관한 사업의 시행을 목적으로 하는 관리단이 설립된다.

그러나 관리인이 없으면 관리단은 법적 행위능력이 없다. 관리단이 없는 것이나 마찬가지다.

구분소유자가 10명 이상인 건물은 관리인을 선임하여야 한다.

관리인은 구분소유자일 필요가 없으며, 그 임기는 2년의 범위에서 규약으로 정한다(법 24조②항).

임기는 2년 이내로 해야 한다.

법에 관리인을 선임해야 한다고 되어 있지만 이런 저런 사유로 관리인이 없이 관리소장이 관리인 대행을 하는 건물이 많다.

소득도 없이 골치만 아픈 관리인 업무를 맡을 사람이 없기도 하고 아파트 입주자회와 달리 관리단은 구분소유자 단체이고 그 소유자의 거주지가 전국적이어서 커뮤니티 형성이 어렵다.

또한 구분소유자 대부분 관리단의 업무에 무관심하여 총회의 성원도 쉽지 않다.

입주 초기에 특히 관리단집회 성원이 어렵고 관리인 선임 또한 어렵다.

분양자가 적극적으로 나서야 한다.

그러나 앞서 얘기했지만 분양자에게는 관리인 선임을 보류해야 할 큰 유혹이 있을 뿐이다. 관리인 선임을 애써 추진할 이유가 없다. 벌금은 구분소유자 집회 소집의무 2백만 원뿐이다.

오히려 벌금을 내는 것이 유리할 것이다.

어느 곳은 서로 관리인(회장)을 하겠다고 싸운다. 소송 중인 건물도 있다. 정상적인 경쟁도 있지만 불법적으로 폭력배가 동원되기도 한다. 현장마다 어렵고 답답한 것이다.

● 표준규약에 따른 관리인 선임

법 제28조(규약)

④ 법무부장관은 이 법을 적용 받는 건물과 대지 및 부속시설의 효율적이고 공정한 관리를 위하여 표준규약을 마련하여야 한다. 〈개정 2023. 3. 28.〉

⑤ 시, 도지사는 제4항에 따른 표준규약을 참고하여 대통령령으로 정하는 바에 따라 지역별 표준규약을 마련하여 보급하여야 한다. 〈신설 2023. 3. 28.〉

법 제9조의3(분양자의 관리의무 등)

② 분양자는 제28조 제4항에 따른 표준규약 및 같은 조 제5항에 따른 지역별 표준규약을 참고하여 공정증서로써 규약에 상응하는 것을 정하여 분양계약을 체결하기 전에 분양을 받을 자에게 주어

야 한다. 〈개정 2023. 3. 28.〉

분양자가 공정증서로 작성하는 규약은 규약(안)이며 그 자체가 규약이 될 수는 없다고 한다. 분양자가 제공한 규약이 직접적으로 규약이 되는 것은 아니지만 분양자는 자신이 수분양자들에게 제공한 규약에 따라 관리업무를 수행해야 한다.

규약이 제정되어 규약에 달리 정한 바(예; 관리인 선임은 관리위원회에서 정한다)가 있다면 그에 따르면 된다.

그러나 그동안 관리인이 없었거나 관리단의 구성이 여의치 않았다면 규약은 분양자가 만들어 배포한 표준규약일 것이다.

그렇다면 관리단집회에서 그 표준규약과 법 38조에서 정한대로 구분소유자의 과반수와 의결권의 과반수 의결로 선출해야 한다.

즉, 표준규약에 따르면 관리인은 과반수 참석에 참석자 과반수 득표가 아니라 소유자의 과반수와 의결권(면적기준)의 과반수 득표를 얻어야 한다.

앞서 얘기했듯이 투표 참여율 60%라면 투표자의 84% 이상의 지지가 필요하다. (60×84%=50.4%) 즉, 투표자의 80%(5분의 4)의 동의로는 떨어지는 것이다.

그래서 후보자가 둘 이상이 되면 관리인은 뽑을 수 없다고 보아야 한다.

관리인이 없으면 분양자가 고용한 관리소장이 건물을 관리하게 될 것이다. 관리인 없이 업무를 임의로 할 수 있게 되는 것이다.

관리인이 없으면 관리비 폭탄이 될 수도 있는 것이다.

이것을 관리규약으로 바꿔야 한다. 과반수 투표에 투표자의 과반수 득표자 또는 다득표자로 순으로 바꿔야 한다. 근본적으로 집합건물법을 고쳐야 하고 국토부에서 만든 표준관리규약의 내용을 바꿔야 한다.

[관리인 선임관련 표준규약 발췌]

제42조(개의 및 의결 정족수)

① 다음 각 호의 경우 관리단집회는 건물소유자의 3분의 2 이상 및 의결권의 3분의 2 이상으로 의결한다. - 대지 및 공용부분 등의 변경 등

② 다음 각 호의 경우 관리단집회는 건물소유자의 4분의 3 이상 및 의결권의 4분의 3 이상으로 의결한다. - 규약의 설정 · 변경 · 폐지 등

③ 다음 각 호의 경우 관리단집회는 건물소유자의 5분의 4 이상 및 의결권의 5분의 4 이상으로 의결한다. - 재건축 결의 등

④ 제1항부터 제3항까지 각 호 이외의 경우, 관리단집회는 건물소유자의 과반수 및 의결권의 과반수로써 의결한다.

즉, 위 ①~③항은 관련 법에서 의결 기준을 정한 경우이다. 그 외 일반적 사안은 소유자의 과반수 및 의결권의 과반수 동의를 얻어야 한다.

제52조(관리인의 선임 등)

① 관리인은 관리단집회의 결의로 선임되거나 해임된다.

② 관리인의 임기는 2년이며, 연임하거나 중임할 수 있다.

③ 관리인은 관리위원, 감사, 선거관리위원을 겸직할 수 없다.

표준규약에 관리인 선임에 관한 사항은 제42조와 제52조뿐이다. 결국 과반수 동의를 얻어야 하는 것이다.

관리단 구성 전에는 건물 준공 시 시행사에 의해 배포된 '표준규약' 대로 관리인을 선임해야 하는데 ① 관리단 대표(관리인)를 소유자나 입주민이 아니라 누구든 할 수 있게 한 것과 ② 관리인 선임 시 구분소유자의 과반수 의결을 얻어야 하는 조항은 문제가 있다. 현실을 반영하지 못한 다소 이상한 조항인 것이다.

즉, 관리인을 건물과 관련없이 아무나 할 수 있게 하여 쉽게 뽑을 수 있도록 하면서도 또 한편 선임 의결조건은 매우 어렵게 만들어 놓은 모순적인 이상한 규정이 된 것이다.

건물 관리인이 있어야 그를 통한 통제가 쉬워지니 아무나 할 수 있게 하고 동시에 많은 구분소유자의 의사를 반영한 관리인이어야 인정하겠다는 것인데 결국 둘 다 문제가 있는 것이다.

[3]

관리위원 선임의 어려움

● 관리위원 선출도 어렵다.

관리위원회는 관리단의 법적 필수 구성요소는 아니다.

관리규약의 정함이 있어야 하는 조직이다.

그런데도 자격요건은 엄격하다.

관리위원회의 위원은 구분소유자 중에서 관리단집회의 결의에 의하여 선출한다. 다만 규약으로 관리단집회의 결의에 대하여 달리 정한 경우에는 그에 따른다. 법 제26조의4(관리위원회의 구성 및 운영) ①항

관리위원은 반드시 구분소유자 중에서 선출해야 한다.

이 조항은 규약으로도 바꿀 수 없다.

통상 결의 기준인 과반수 득표기준은 규약으로 바꿀 수 있다.

당선 조건을 과반수 투표에 과반수 찬성으로 변경해야 할 필요가 있다.

그런데 필자는 규약을 제정하면서 이 부분을 간과했다.

즉, 관리위원은 정원이 다수(우리 건물은 6명)이고 후보자가 많지 않아 통상 후보자별 찬반투표로 진행된다. 즉, 관리인 단독 후보일 때와 같이 관리위원도 투표권자 과반수 찬성이 있어야 한다고 생각했다.

우리 건물은 정원이 6명인데 통상 2~3명 신청하니 경합이 아니다. 즉, 개별적으로 구분소유자 및 의결권의 찬성이 과반수면 당선된다. 그런데 찬반투표를 진행하면 이상하게 반대를 하거나 동의하지 않는 구분소유자가 다수 있는 것이다.

즉 투표율 60%이면 투표자의 85%가 동의해야 당선되는데 그렇게 동의 얻기가 쉽지 않다.

실제로 많은 관리위원 후보자가 낙선되고 있고 상처를 받고 있다.

20XX년 12월 임시총회에서는 2명 전원 낙선하였고, 20XX년 3월 정기총회에서도 1명만 당선되었다.

그만큼 당선이 어렵다.

20XX년 3월 전자투표결과가 총회 전날 마감되고 공개되는데 관리위원 후보 2명이 모두 당선이 어려울 듯 보인다.

총회 당일 오전에 관리소장이 전날 오후(18:00)에 마감된 전자투표 결과표를 보여 준다.

관리인 선거는 전자투표에서 이미 투표율이 55%를 넘었고 후보자 중 다득표자가 될 것이니 따질 것도 없다.

그런데 관리위원은 투표율 55% 정도에서 각 찬성률이 75%~80% 이다.

오후 7시에 개회하는 총회 현장 참석예상자를 감안하면 한 사람은 당선권이나 한 사람은 낙선이 확실시된다.

더구나 구분소유자 중 1인이 전체 면적의 약 10%를 가지고 있어 그의 동의 없이는 둘 다 면적 기준 의결권에서 과반수 득표가 어렵다.

관리소장은 별 고민 없이 태평한 모습이다. 관리인은 선출이 확실하고 관리위원들도 당선된 것 아니냐는 것이다.

관리소장에게 면적 기준 의결권은 후보자 둘 다 그 10% 지분 소유자에 달려 있고 설사 그의 찬성을 얻어도 투표율이 60%라면 찬성 80%가 되어도 구분소유자 과반수 기준에서도 한 사람은 당선권에 미달이다 했더니 그제야 표정이 바뀐다.

후보자 한 사람은 잘하면 오후 총회에 현장 참석 예상자만으로도 당선권인데 나머지 한 사람은 대략 15명 정도 부족한 것이다.

사실 고민할 문제는 아니다. 관리위원이 무엇인가? 감독기관 아닌가. 감독할 사람은 없어야 편하고 적을수록 편한 것이다. 더구나 관리소장 입장에서는 관리위원이 없어야 좋을 것이다. 관리인이나 관리소장이나 걱정할 일이 아니다.

그렇지만 한편으로는 관리위원 없이 관리인으로 당선되어 건물의 많은 문제를 혼자 고민하고 싶지는 않았다.

좋은 결과가 될지 나쁜 선택이 될지는 알 수 없다. 후보자 중 낙선 가능성이 큰 사람은 안면도 없고 모르는 사람이다. 그러나 소유자 및 입주민의 투표 참여를 독려하여 결국 한 사람은 55.5%, 나머지 한 사람은 50.4%로 가까스로 당선되었다.

관리인과 관리위원이 사심 없이 한다면 모두를 위해 바람직한 일이 될 것이다. 하지만 사사건건 의견이 맞지 않으면 모두에게 불행한 일이 된다. 건물관리업무도 잘 될 수가 없다.

그 관리위원 후보들이 사사로운 욕심이 없는 일반적이고 상식적인 사람이길 바라는 것이다. 독선적이고 고집불통인 사람이 아니길 기대하면서 위험한 주사위를 던진 것이다.

결과는 매우 좋다.

당선된 두 분은 관리위원 겸 훌륭한 자문역이 되어 큰 도움이 되고 있다.

● 한편 관리위원회의 성립 요건에 대하여 검토할 필요가 있다.

즉, 규약은 관리위원회 정원을 정하고 있는데 이보다 훨씬 적게 위원이 선임되었을 경우가 문제다.

2022. 1. 22. 국민신문고는 관리위원회 정원이 6명인데 위원 3명이 선임된 경우 관리위원회 구성은 어렵다고 판단하였다. 규약에 관리위원회는 위원장, 감사, 총무, 이사 등 조직을 갖춰야 하는데 그것이 될 수 없으니 위원회 구성이 어렵다는 것이다. 그렇다면 감사, 총무 등 조직을 삭제하면 된다는 것인지 판단의 근거가 다소 미흡하나 어쨌든 관리위원회의 기능은 부인되고 있다.

집합건물법 시행령에서는 관리위원회의 재적위원 과반수가 찬성하면 결의가 성립하도록 규정하고 있다. 그런데 재적위원이 정원에 한참 미달의 경우에는 소수의 관리위원이 관리위원회의 결의를 성립시킬 수 있는 문제가 발생한다. 즉 총회에서 규약을 제정하면서 예를 들어 6명의 관리위원이 서로 논의해서 건물의 관리에 관한 중요한 사항을 정하도록 위임했는데, 실제로 선출된 2~3명 소수의 관리위원이 관리에 관한 중요한 사항을 임의로 정할 수 있게 되는 것이다.

그러나 이런 논란에도 해결책이 쉽지 않다.

즉 정원을 맞추기가 어렵다. 하겠다는 사람도 많지 않고 하겠다고 해도 앞서 보았듯이 투표권자 과반수 찬성을 얻기가 어렵다. 임기 2년 동안 선거만 하고 있을 수도 없다. 또 독선적이고 대화가 어려운 사람이 관리위원으로 선임되어 사사건건 이의 제기하며 따지고 들면 관리인을 하고 싶겠는가? 그런 사람이 의외로 많다.

저자도 관리인 초기 고집 센 관리위원을 만나 한동안 심각한 갈등을 겪었다.

그는 관리소장부터 교체하라고 성화다. 총회나 끝내고 하겠다는데도 막무가내다. 앞서 얘기했듯이 총회 임박해서 규약 제정, 주차규정 개정, 주차시스템 교체, 장기수선계획 수립, 하자공사 등 할 일이 태산인데 누구와 일을 하라는 것이냐며 심한 언쟁을 했다. 그 후 사사건건 부딪쳤는데 그 위원은 심지어 관리위원이 관리인을 해임할 수도 있다는 말도 되지 않는 협박까지 하며 관리인을 하수인으로 만들고자 하였다. 그러나 모든 책임은 관리인에게 있다. 매사 원칙대로 소신껏 추진하였으며 결국 주차관리시스템 교체 건에서 크게 충돌하면서 그 스스로 그만두고 말았다.

관리인 업무는 봉사활동이고 재능기부라고도 할 수 있다. 불필요한 언쟁과 감정 낭비로 시간을 보낼 수는 없다.

어쨌든 관리위원 선임도 해결하기 어려운 문제다. 각 집합건물 현장의 상황에 맞게 운용할 수밖에는 없어 보인다.

● 관리단에는 규약으로 정하는 바에 따라 관리위원회를 둘 수 있다. 법 제26조의3(관리위원회의 설치 및 기능) ①항

즉, 〈집합건물법〉상 관리위원회는 해당 집합건물의 규약에 그 근거하여 설치될 수 있는 기관이므로(〈집합건물법〉 제26조의3 제1항) 규약이 없다면 설치 근거가 없으므로 문제가 된다.

관리단 집회를 소집하여 규약 제정을 위한 결의와 관리위원 선임을 의한 결의가 있다고 할 때, 관리위원은 선임 의결되었는데 규약 제정은 3/4 동의를 받기 위해 몇 개월에 걸쳐 서면결의를 받아야 하므로 아직 미결 상태이거나 부결될 수가 있다. 이 경우 관리위원회의 설치 근거가 없는 것이다.

즉, 관리위원은 선임되었으나 〈집합건물법〉의 기관으로서 관리위원회의 지위는 없을 것이며 해당 집합건물의 자치기관에 불과하게 되어 의결기능은 없다고 할 것이다.

사실 우리 건물도 마찬가지였다. 분양자가 만든 규약이 있으나 동의절차가 생략되어 없는 것과 같다. 그에 의해 관리위원이 선임되었

으니 권한 없는 관리위원이었던 것이다.

원칙적으로 관리위원을 선출하기 위해서는 규약의 정함이 있어야 하므로 먼저 규약의 제정이나 개정을 위한 관리단집회의 결의를 한 후에, 관리위원을 선출하는 것이 타당하다고 한다.

그러나 규약에 관리위원회에 관한 규정이 신설되는 것을 조건으로 관리위원 선출을 관리단 집회의 안건으로 상정하는 것도 가능하고 하겠다.

관리위원은 관리단 집회의 결의에 의하여 선출한다. 다만 규약으로 관리단 집회의 결의에 대하여 달리 정한 경우에는 그에 따른다. 법 제26조의4제①항

관리위원회 위원의 수는 선거구별로 선출할 수 있다. 이 경우 선거구 및 선거구별 위원의 수는 규약으로 정한다. 법 시행령 제7조(관리위원회의 구성)①항

법 제26조의4제①항 단서에 따라 달리 정하는 경우에는 구분소유자의 수 및 의결권의 비율을 합리적이고 공평하게 적용하여야 한다. 법 시행령 제7조 ②항

즉, 이는 규약으로 달리 정할 수 있는 범위가 선거구 및 선거구별 관리위원을 선출할 수 있도록 정하는 것이며 관리인이 관리위원을 임명할 수 있다는 등 범위를 확대 적용할 수는 없다는 것이다.

(4)

관리인 권한의 축소

관리인의 권한이 관리행위에서 보존행위로 축소되었다.

법 제25조(관리인의 권한과 의무) 1. 관리인은 다음 각호의 행위를 할 권한과 의무를 가진다. (개정 2020. 2. 4.)

① 공용부분의 <u>보존행위</u>

② 공용부분의 관리비용 등 관리단의 사무집행을 위한 비용과 분담금을 각 구분소유자에게 청구, 수령하는 헝위

③ 관리단의 사업시행과 관련하여 관리군을 대표하여 하는 재판상 또는 재판 외의 행위

③의2 소음, 진동, 악취 등을 유발하여 공동생활의 평온을 해치는 행위의 중지요청 또는 분쟁조정절차 권고 등 필요한 조치를 하는 행위

④ 그 밖에 규약에 정해진 행위

이렇게 법에 열거되어 있는데 권한과 의무의 뜻이 혼동된다.

여기서 중요한 것은 보존행위다. 상대 개념이 관리행위인데 2020. 2. 4. 법 개정 전에는 관리인이 관리행위도 할 수 있었으나 개정 후 보존행위로 제한되었으며 그에 따라 보존행위와 관리행위의 구별이 중요하다.

보존행위는 기존 시설의 보존 유지를 위한 행위이다.

관리행위의 예로 드는 것은 건물관리도급(용역)계약 행위이다.

주차시스템 교체는 통상 비용이 수반되지 않는다. 그러나 이것도 관리행위로 보고 총회 의결을 받아야 한다고 한다. (담당 공무원 해석)

법에 의해 의무적으로 설치하면서 비용이 들지 않는 전기차충전시설의 설치, 변경계약은?

관리인은 공용부분의 보존행위만 할 수 있고 관리 및 변경 행위는 관리단집회 의결이 있어야 한다.

어떤 것이 관리행위이고 어떤 것이 보존행위인가? 답하기가 사실 쉽지 않다.

'공유물의 멸실. 훼손을 방지하고 그 현상을 유지하기 위한 사실적, 법률적 행위가 보존행위이다'(대법원 1995. 4. 선고 93다54736판결)

즉 보존행위는 공용부분의 현상을 유지하는 행위. 예를 들어 공용부분의 파손 부분 보수 또는 노후화된 부분 교체하는 행위, 일반적인 유지비를 지출하는 행위, 공용부분에 대한 방해의 배제를 요구하는

행위, 하자보수를 청구하는 행위 등

제16조(공용부분의 관리) ① 공용부분의 관리에 관한 사항은 <u>제15조 ①항 본문 및 제15조의2의 경우5)</u>를 제외하고는 제38조(의결 방법)제1항에 따른 통상의 집회결의로써 결정한다. 다만, 보존행위는 각 공유자가 할 수 있다. 〈개정 2020. 2.〉

② 구분소유자의 승낙을 받아 전유부분을 점유하는 자는 제1항 본문에 따른 집회에 참석하여 그 구분소유자의 의결권을 행사할 수 있다. 다만, 구분소유자와 점유자가 달리 정하여 관리단에 통지한 경우에는 그러하지 아니하며, 구분소유자의 권리·의무에 특별한 영향을 미치는 사항을 결정하기 위한 집회의 경우에는 점유자는 사전에 구분소유자에게 의결권 행사에 대한 동의를 받아야 한다. 〈신설 2012. 12. 18.〉

③ 제①항 및 제②항에 규정된 사항은 규약으로써 달리 정할 수 있다. 〈개정 2012. 12. 18.〉

④ 제1항 본문의 경우에는 제15조 ②항을 준용한다. 〈개정 2012. 12. 18.〉

[전문개정 2010. 3. 31.]

다만, 공용부의 보존행위는 각 공유자가 할 수 있다. 법 제16조(공용부분의 관리) 이런 행위는 공유자 모두에게 이롭기 때문에 허용되는 것이다.

---

5) 제15조 제1항 및 제15조의2의 경우는 공용부분의 관리가 아닌 변경에 대한 것이다. 따라서 각각 구분소유자 및 의결권의 3분의 2, 5분의 4 동의를 얻어야 한다.

공용부분 관리에 관한 사항은 통상의 집회 결의로 결정(즉, 구분소유자의 과반수 및 의결권의 과반수로써 의결)되는데 투표권자의 관심도가 높지 않아 수 없이 문자 보내고 방문해서 독려해야 하니 무엇을 위한 권한축소인지 알 수 없다.

보존행위만 하면 되니까 의무도 축소되었다고 할 수 있다.

그렇지만 해야 할 일을 하고자 한다면 관리단집회(총회)의 안건으로 의결 후 처리해야 하니 업무는 오히려 늘어난 것이다. 총회는 열기도 어렵고 얼마나 번거로운 일인가? 그리고 과반수 찬성을 받지 못하면 진행할 수도 없다.

공유부분의 <u>변경 행위</u>는 더 까다롭다. 공용부분의 개량을 위한 것으로서 <u>지나치게 많은 비용</u>이 드는 것이 아닐 경우는 통상의 집회 결의로 할 수 있지만 그 밖의 경우는 3분의 2 이상의 결의가 필요하고 권리변동까지 발생된다면 소유자 및 의결권의 5분의 4 이상 결의가 필요하다.

여기서 지나치게 많은 비용은 얼마인가?

● 실제 사례를 통해 생각해 보자.

20XX년 당 건물 준공 즈음 지하수 관련 시설 설치되었으나 20XX년 7월까지 7년 동안 한 번도 가동되지 않았다고 한다.

그동안 그 존재를 소관청도 모르고 관리사무소도 몰랐다. 알았으면

3년마다 하는 수질검사, 2년마다 해야 하는 시설 사후관리를 하지 않을 수가 있었겠는가?

20XX년 6월 12일 소관청에서 해당 시설의 유효기간이 만료되었으니 연장 신청하라는 공문이 접수되었다. 유효 기간이 20XX. 1. 23.까지인데 이미 한참 경과한 상태다. 기한 경과 연장 위반에 따른 양벌규정[6]이 3년 이하의 징역 또는 3천만 원 이하의 벌금이다. 그런데 곧이어 "지하수 정기 수질검사 이행 및 결과제출 요청" 공문(20XX. 6. 18.)이 접수되었다.

수질검사 비용은 합하여 120만 원 정도이다.

사용하지 않은 시설이다. 수질검사가 아니라 폐기해야 한다. 시설 폐기 견적을 받아 보니 52백만 원이다.

수질검사는 3년마다 해야 한다.

이것만 보면 사용하지 않지만 3년마다 수질검사를 하는 것이 비용이 덜 든다.

연장 사용허가 '유효기간' 경과 벌금에 대해서는 소관청에서 자신들의 관리 소홀도 있으니 빨리 조치하면 무마해 줄 수 있다고 한다.

수질검사 과태료도 3백만 원이다.

결국 사용하지는 않지만 시설폐기 비용이 크니 유효기간 연장과 매 3년마다 수질검사만 하기로 관리위원회에서 의결했는데 했는데 더 큰 문제가 또 있었다.

---

6)　법률 위반 시 행위자와 그가 속한 법인, 단체에게도 형벌을 부과하는 규정

즉, 2년마다 "시설 사후관리"를 해야 하고 "이행신고"를 해야 한다는 것이다. 그 '사후관리' 견적을 받아 보니 24백만 원에 시설 수리비용은 얼마가 될지 모른다는 것이다. 또 이행신고 과태료는 5백만 원이다.

또 있다. 원상복구 이행보증금(8개＊430만 원=3,440만 원)을 내야 한다는 것이다.

즉, 폐기하여 한번 52백만 원을 지출할 것인가?

2년마다 24백만 원 + 수리비@ +매 3년 수질검사비+ 이행보증금 + 등록면허세 등을 부담할 것인가?

사용하지 않는 시설을 유지하는 데 돈을 많이 쓸 수는 없는 것이다.

장기적으로 시설 폐기가 당연하다. 그런데 시설폐기는 공용부의 변경이다.

공용부분 변경은 총회 의결 사항이고 3분의 2 이상 동의를 받아야 한다.

다행히 소관청의 양해를 얻어 총회까지 제반 사항을 미뤘으며 이듬해 정기총회에 시설폐기를 안건으로 상정하고 통과를 위해 애를 썼으나 총 투표율 67%에 그쳐 투표자 전원 즉, 100% 찬성하지 않는 한 3분의 2 의결은 불가능하게 되었다.

만약 다음 총회까지 시설폐기를 더 미루면 당장 수질검사, 사후관리이행, 이행보증금 등 제 비용을 부담할 뿐만 아니라 그동안 미뤄진 과태료 및 벌금이 얼마가 될지 모른다. 큰일이다. 위기라면 위기에서 법 단서 조항이 생각났다.

법 제15조 ①항 1. 공용부분의 개량을 위한 것으로 <u>지나치게 많은 비용이 드는 것이 아닐 경우. 통상의 집회 결의로써 결정할 수 있다.</u>

그렇다. 52백만 원이 지나치게 많은 비용은 아니라고 한들 누가 어떤 판정을 하겠는가? 어떤 때는 지나칠 정도로 많은 것은 아니다.

이미 의결권의 69.3% 동의를 얻었고 구분소유자수에서 61.4%이지만 그 투표자의 91.7% 동의를 얻었다. 즉, 구분소유자수의 3분의 2 동의를 받지 못하였으나 명분이 충분한 바, 단서 조항을 적용하여 총회에서 의결을 선언하였으며 4. 17. 공사를 시작하였다.

● 관리소장 면접을 보면서 공통적인 질문으로 집합건물법상 관리행위와 보존행위를 구별하여 설명해 보라고 했다.

대부분이 그냥 보통명사 '관리'와 '보존'을 설명하려 한다.

집합건물법상 관리와 보존을 구별하라고 해도 절대 '잘 모르겠다'는 관리소장은 없다.

설명을 하면 할수록 나 모른다는 것을 알려 주는 것인데도 그냥 일반적인 관리와 보존의 뜻을 설명하려 애쓴다.

관리인 권한에 관한 중요한 개념이다.

권한 남용이 되느냐 적법한 권한 행사인가의 구별은 반드시 필요하다.

≪기타≫

● 주상복합건물에서 공동주택 부분의 호수가 150세대가 넘는 경우, 건물 전체 관리단이 있더라도 별도로 입주자대표회의를 구성해야 한다.

집합건물의 관리 방법과 기준, 하자담보책임에 관한 〈주택법〉 및 〈공동주택관리법〉의 특별한 규정은 이 법에 저촉되어 구분소유자의 기본적인 권리를 해치지 아니하는 범위에서 효력이 있으므로 집합건물의 공동주택 부분에는 〈공동주택관리법〉이 중복 적용될 수 있다. 〈집합건물법〉 제2조의2

따라서 주상복합건물에서 아파트나 도시형생활주택 등 공동주택 부분이 150호 이상이면 〈공동주택관리법 시행령〉 제2조 제2호 라목에 의해 의무관리대상에 해당하므로, 〈집합건물법〉상 건물 전체 관리단이 존재하더라도 공동주택 입주자들을 대상으로 입주자대표회의를 별도 구성해야 한다.

또한 입주자대표회의의 회장(관리규약의 제정의 경우에는 사업주체)은 관리규약의 제정 및 개정 및 입주자대표회의의 구성 및 변경에 관하여 30일 이내에 해당 시장·군수·구청장에게 신고해야 한다(〈공동주택관리법〉 제19조 및 같은 법 시행령 제21조).

그러나 공동주택 부분이 150호 미만일 경우에는 의무관리대상이 아니므로, 〈집합건물법〉상 관리단이 존재하면 족하고 입주자대표회의를 별도로 구성할 의무는 없다. 또한 업무시설(오피스텔 등)이나 근린생활시설(상가건물 등)과 같이 공동주택이 아닌 경우에는 〈집합건물법〉만 적용된다.

집합건물 관리의 첫 단추는 관리인 선임이다.

표준규약의 선임절차부터 바꿔야 한다.

관리인 선임을 저해하는 요인이 있다.

관리인이 없거나 관리인이 시행사 사람이라면 시행사와 시공사에게 큰 이익이 될 수 있다.

관리인이 없으면 하자소송을 할 수 없는 것이다.

또 관리비 폭탄이 떨어질 수 있다.

관리인의 역할은 불합리한 관행을 바로잡고 관리비의 부당 지출을 막는 것이다.

관리업체, 관리사무소 직원, 외부 용역업체 모두가 늘 정직하고 공정한가?

관리인 업무는 묵인되고 있는 불합리한 관행 그리고 부당함과 싸워야 하는 업무다.

끝나지 않는 전쟁이다.

누가 막고 견제할 수 있는가?

관리인도 어렵다. 일을 몰라 어렵다.

모든 일을 관리사무소에 믿고 맡겨 놓을 수 없다.

물론 관리인이 더 문제가 많을 수 있다. 관리인의 부당한 지시는 성실한 관리소 직원에겐 큰 고통일 것이다. 그때는 관리소장 및 직원들이 본연의 역할을 해야 한다. 생업에 바쁜 구분소유자 및 입주민들도 가끔은 관리사무소를 돌아봐야 한다.

3

총회(관리단집회) 소집과 의결권

※ 이 글에서 '법'은 〈집합건물법〉입니다.

관리단의 사무는 이 법 또는 규약으로 관리인에게 위임한 사항 외에
는 관리단집회 결의에 따라 수행한다. 법 제31조(집회의 권한)

관리인은 매년 회계연도 종료 후 3개월 이내에 정기 관리단집회를
소집하여야 한다. 법 제32조(정기 관리단집회)

관리단집회를 소집하려면 집회일 1주일 전에 회의의 목적 사항을
구체적으로 밝혀 각 구분소유자에게 통지하여야 한다. 법 제34조(집
회 소집 통지) ①항

관리단집회는 제34조에 따라 통지된 사항에 관하여만 결의할 수 있
다. 법 제36조(결의사항) ①항

제 ①항의 규정은 이 법에 관리단 집회의 결의에 대하여 특별한 정
수가 규정된 사항을 제외하고는 규약으로 달리 정할 수 있다. 법 제

36조(결의사항) ②항

관리단 집회의 의사는 이 법 또는 규약에 특별한 규정이 없으면 구분소유자의 과반수 및 의결권의 과반수로써 의결한다. 법 제38조(의결방법) ①항

구분소유자의 승낙을 받아 전유부분을 점유하는 자는 집회의 목적사항에 관하여 이해관계가 있는 경우에는 집회에 출석하여 의견을 진술할 수 있다. 법 제40조(점유자의 진술권) ①항

집회를 소집하는 자는 제34조에 따라 소집통지를 한 후 지체 없이 집회의 일시, 장소, 목적사항을 건물 내 적당한 장소에 게시하여야 한다. 법 제40조 ②항

[분양자의 집회소집 의무]

분양자는 선임된 관리인이 사무를 개시할 때까지 선량한 관리자의 주의로 건물과 대지 및 부속시설을 관리하여야 한다. 법 제9조의3(분양자의 관리의무) ①항(개정 2020. 2. 4.)

분양자는 예정된 매수인의 2분의 1 이상이 이전등기를 한 때에는 규약설정 및 관리인 선임을 위한 관리단집회를 소집할 것을 대통령령으로 정하는 바에 따라 구분소유자에게 통지하여야 한다. 이 경우 통지받은 날부터 3개월 이내에 관리단집회를 소집할 것을 명시하여야

한다. 법 제9조의 3 ③항

 - 위반 시 과태료 2백만 원

분양자는 구분소유자가 전항의 통지를 받은 날부터 3개월 이내에 관리단집회를 소집하지 아니하는 경우에는 지체 없이 관리단집회를 소집하여야 한다. 법 제9조의 3 ④항

법 규정은 있어도 관리단 구성에 소극적인 건물이 많다.

(1)

정기총회 소집

법 제34조(집회의 소집통지) ① 관리단집회를 소집하려면 관리단집회일 1주일 전에 회의의 목적사항을 구체적으로 밝혀 각 소유자에게 통지하여야 한다. 다만 이 기간은 규약으로 달리 정할 수 있다.

집회일 1주일 전에 발송하여야 한다. 즉 27일이 집회일이라면 27일을 산입하지 않고 그 전날로부터 일주일에 해당하는 3월 20일 전에 발송되어야 하며, 따라서 늦어도 3월 19일 24시 이전에 발송되어야 한다.

즉, 19일(발송일) 20~26(7일) 27일(총회)

관리단집회의 소집통지는 완화된 발신주의[7]가 적용되어 개최 1주일 전에 각 구분소유자에게 발송되면 충분하고 도달된 것으로 본다고 한다.

---

7) 일주일 전에 발송하기만 하면 도달된 것으로 본다 라는 것인데 다만 우편 발송일자 확인을 위해서는 준등기를 이용하는 것이 좋다고 한다.

그러나 형식적 절차만 갖추려고 한다면 모를까 정상적인 집회를 원한다면 현실적으로 훨씬 먼저 발송하게 된다.

매년 초에는 3월 정기총회에 대비하여 준비할 것이 많다.

임원선거가 있으면 더 신경 쓸 일이 많다. 집합건물관리에 있어서 연중 가장 큰 행사로 만전을 기해야 한다. 특히 총회의결사항은 미리 충분한 준비가 필요하다.

그러기 위해서는 다음과 같이 미리 일정을 체크할 필요가 있다.

다음은 20XX년 3월 정기총회 일정 사례이다.

1. 선거인 명부 정리 1/20~2/11 : 구분소유자 주소 및 휴대폰 전화 확인

2. 선거관리위원회 구성(최소 3명, 2년 임기, 위원 모집공고 1. 24. ~ 2. 5.)

3. 관리운영위원회 소집(2/12 11:50), 선거관리위원 위촉

4. 선거관리위원회 1차 회의(2/12 14:00)

5. 관리인, 관리위원 후보자 모집공고 및 발송 2/13

6. 후보자 등록기간 2/18 ~ 2/24

7. 관리인, 관리위원 후보 확정(자격 검증) 2/25 ~ 2/28

8. 총회 안건 정리 및 제 보고서 준비 및 검토 2/1 ~ 3/4

9. 정기총회 안내문 공고 및 발송 3/5

10. 서면결의서 접수 3/10 ~ 3/26

11. 전자투표실시 3/20 ~ 3/26

12. 정기총회 개회 3/27 19:00

13. 총회 결과 공고 3/28

[안건]

① 관리인, 관리위원 선출의 건 → 선거관리위원회 구성

② CCTV 추가 설치의 건

③ XX공사 처리의 건 → 사전 업자선정 입찰실시

[보고자료]

감사보고서 및 감사의견서: 외부 회계법인 의뢰

하자소송 보고서: 법무법인 요청

잡수입 및 수선적립금 현황

20XX. 주요계약 현황

20XX. 예산(안)

[사전 준비]

선거관리위원회 구성

XX공사업자 선정 → 입찰실시, 20XX. 1. 23. 52,000,000원
낙찰

외부 회계감사 보고서 – 20XX. 2. 13. 회계감사 선정

20XX. 예산(안) 검토, 20XX. 3. 4. 확정

(2)

선거관리위원회 구성 서둘러야

관리인 및 관리위원의 선거가 있다면 선거관리위원회 구성이 선결 과제다.

다음은 표준규약 및 관리규약에 일반적으로 규정된 내용이다.

제69조(선거관리위원회 구성)

① 선거관리위원회는 구분 소유자 중에서 선출된 3인 이상 7인 이내로 구성

② 선거관리위원회의 위원은 다음 각 호의 자 중 관리위원회의 결의로 선출

1. 관리인이 추천한 자

2. 관리위원 3분의 1 이상이 추천한 자

3. 구분소유자의 20분의 1 이상(최소 5인 이상)이 추천한 자

③ 제2항 각 호에 따른 추천권자가 관리인으로부터 선거관리위원 추천 통보를 받은 날부터 7일 이내에 추천을 하지 않거나 추천한 사람이 선거관리위원 정원의 2배를 초과하지 않은 때에는 관리인은 구

분 소유자 등 중에서 희망하는 자를 공개 모집하여 추천할 수 있다.

④ 제2항에도 불구하고 선거관리위원회가 구성되지 않은 경우에는 시장, 군수 또는 구청장은 구분소유자 중에서 학식과 사회경험이 풍부한 자를 위원으로 위촉할 수 있다.

⑤ 위원장은 선거관리위원회 위원 중에서 위원들의 투표로 선출한다.

제70조(임기 및 자격상실 등)

① 선거관리위원회 위원의 임기는 선출 또는 위촉된 날부터 2년으로 하되 연임할 수 있으며, 위원장의 임기는 그 위원의 임기가 만료되는 날까지 한다.

② 선거관리위원은 구분소유자 지위를 상실한 때 그 자격을 상실한다.

③ 다음 각 호의 어느 하나에 해당하는 사람은 선거관리위원회 위원이 될 수 없다.

1. 제53조 각 호에 해당하는 사람

2. 관리인, 관리단의 임원, 관리위원 및 감사 후보자의 배우자나 직계 존비속인 사람

④ 선거관리위원회 위원은 관리인, 관리단의 임원 및 감사, 관리위원을 겸직할 수 없다.

제71조(업무)

선거관리위원회는 다음 각 호의 업무를 수행한다.

1. 선거관리규정의 제정, 개정 [단, 관리단집회(관리위원회가 설치된 경우 관리위원회)의 승인 필요]

2. 관리인, 관리단의 임원 및 감사, 관리위원회 위원장, 관리위원의 선출 및 해임에 관한 선거관리

3. 관리인, 관리단의 임원 및 감사, 관리위원회 위원장, 관리위원 등의 법 또는 규약에서 정한 결격사유 유무 확인

4. 관리단집회의 결의를 투표의 방식으로 하는 경우 그 투개표업무

5. 관리인, 관리단의 임원 및 감사, 관리위원회 위원장, 관리위원 등에 대한 당선확인 및 당선증의 교부

6. 관리인, 관리단의 임원 및 감사, 관리위원회 위원장, 관리위원 등의 사퇴 접수, 처리

7. 그 밖에 선거관리에 관한 업무

제72조(운영 등)

① 위원장은 선거관리위원회를 대표하고, 그 업무를 총괄한다.

② 위원장이 부득이한 사유로 직무를 수행할 수 없는 경우에는 위원 중 과반수 결의로 그 직무를 대행할 자를 선출한다.

③ 위원이 궐위된 경우에는 60일 이내에 다시 선출 또는 위촉한다. 보궐위원의 임기는 전임자의 잔여임기로 한다.

④ 위원장은 선거관리위원회의 회의에 관하여 회의록을 작성하고, 위원장 및 위원 2명 이상이 서명날인 한 후 관리인이 보관하도록 하여야 한다.

⑤ 이해관계인은 관리인에게 별표 6 서식에 따른 서면으로 선거관리위원회 의사록의 열람을 청구하거나 자기 비용으로 등본의 발급을 청구할 수 있다.

이 내용은 개별 집합건물의 규약의 일부 조항이다. 그런데 특이하게도 '선거관리위원회가 구성되지 않은 경우에는 시장. 군수 또는 구청장은 단지건물 소유자 중에서 학식과 사회경험이 풍부한 자를 위원으로 위촉할 수 있다.'고 규정되어 있다.

즉, 개별 건물 관리규약에 소관청장이 선거관리위원을 위촉할 수 있도록 하고 있는데 소관청장이 그에 따를까 궁금하다.

● 선거관리위원 위촉을 서둘러야 한다.

늦어도 총회 2개월 전에는 관리위원회에서 선거관리위원을 위촉할 수 있도록 해야 한다. 선거관리위원이 위촉되면 그들이 후보자 등록 공고 등 절차를 진행하게 되며 선거 관련 모든 권한이 그들에게 있는 것이다.

그러나 선거관리위원으로 위촉되었다 하여 선거 관련 업무에 밝지 않을 것이므로 제 규정, 절차와 일정 등은 공유하고 협의하여야 한다. 그리고 선거 규칙을 정하게 하고 여러 사례에 대해 사전에 연구할 필요가 있다.

즉, 서면결의서 인정 범위, 팩스 의결의 효력, 대리인 구비서류, 임차인의 투표권 등 논란이 있는 부분에 대해서는 회의를 통해 공유하고 같은 견해를 갖도록 할 필요가 있다.

● 관리인, 관리위원 후보자 등록 공고

총회 안내문 발송하기 전에 후보자를 확정해야 한다.

그러려면 총회 안내문 발송 2주 전에는 후보자 등록 안내문을 발송하고 공고해야 한다.

또 그 전에 선거관리위원회가 구성되어야 하니 선거관리위원 모집 공고라도 하려면 앞서 언급한 대로 총회 2개월 전에는 시작해야 한다. 즉,

선거관리위원 추천 또는 모집공고 → 관리위원회의 선거관리위원 위촉 → 선거관리위원회 회의 소집 → 관리인 등 후보자등록 안내문 발송 → 후보자 확정 → 선거 일정 공고, 총회 소집 안내문 발송 → 전자투표 실시 → 총회 투표 개시 및 집계, 당선 및 낙선 선언, 의사록 작성.

후보자 신청 기간 1주일, 자격 검증 2일, 우편 발송(우체국에 파일 전송 후 약 3~5일 소요)기간 등을 감안하면 총회안내문 발송 2주 전에는 후보자등록 공고 및 후보등록 안내문을 발송해야 한다.

다음은 [경기도 집합건물 관리가이드]를 참고하였다. 중요한 내용이다.

● 임차인이 의결권을 행사할 수 있는 사안에 있어서도 구분소유자에게 통지하면 된다. 임차인에게 이해관계가 있는 사항에 대해서는 소집통지서를 발송한 후에 건물 내의 적당한 장소에 소집 통지를 게시할 필요가 있다.

● 통지장소는 구분소유자가 별도의 통지주소를 제출한 경우에는 해

당 장소로 통지해야 한다. 집합건물이 상가와 오피스텔로 구성된 경우 소유자들 대부분이 임대를 놓기 때문이다. 별도의 주소를 알려 주지 않은 경우에는 전유부분 주소지로 통지한다.

소집통지서 발송과 동시에 건물 내의 적당한 위치에 소집통지를 게시할 것을 권고하는데 주소지를 알려 주지 않은 구분소유자에게도 발송의 효과가 있기 때문이다.

즉, 규약에서 건물 내에 적당한 위치에 소집 통지를 게시하는 경우
- 구분소유자의 주소지가 전유부분이라면 통지된 것으로 보게 됨
- 구분소유자의 주소지가 전유부분이 아니며 통지장소를 별도로 제출하지 않은 경우에 규약의 정함이 있다면 해당 구분소유자에게도 통지한 것으로 볼 수 있으므로 서면 통지하더라도 게시할 필요가 있는 것이다.

[3]
집합건물 의결권의 다른 점

● 관리단집회의 의사는 〈집합건물법〉 또는 규약에 특별한 규정이 없는 '통상결의'의 경우에는 구분소유자 및 의결권의 과반수로 결의할 수 있도록 규정하고 있다.

즉, 구분소유자 과반수 결의와 의결권의 과반수 결의가 있어야 한다.

의결권은 관리단집회에서 결의할 수 있는 권리를 말하며 소유지분 크기에 비례한다. 각 공유자의 지분은 그가 가지는 전유부분의 면적 비율에 따른다. 법 제12조(공유자의 지분권)①항

각 구분소유자의 의결권은 규약에 특별한 규정이 없으면 제12조에 규정된 지분비율에 따른다. 법 제37조(의결권)①항

● 〈법〉 제38조 제2항에서는 구분소유자의 의결권은 서면이나 전자적 방법 또는 대리인을 통하여 행사할 수 있다고 규정하고 있어, 대리인에 의한 의결권 행사를 허용하고 있다.

대리인은 의결권을 행사하기 전에 의장에게 대리권을 증명하는 서면을 제출하여야 한다, 법 시행령 제15조(대리인에 의한 의결권 행사)①항

대리인 1인이 수인의 구분소유자를 대리하는 경우에는 구분소유자의 과반수 또는 의결권의 과반수 이상을 대리할 수 없다. 〈법〉 시행령 제15조②항.

의결권을 대리 행사하는 대리인의 자격에 관하여 집합건물은 제한하고 있지 않다. 규약에서 일정한 범위(예를 들어 친족, 점유자 등)를 제한할 수 있다.

구분소유자들이 미리 그들 중 1인을 대리인으로 정하여 관리단에 신고한 경우에는 그 대리인은 그 구분소유자들을 대리하여 관리단집회에 참석하거나 서면 또는 전자적 방법으로 의결권을 행사할 수 있다. 법 제41조 ②항.

동 조항에 의한 대리인 자격은 구분소유자로 한정된다.

● 대리인의 의결권 행사 시 인감증명서가 필요한가?

[참고판례]

〈대법원 2009. 4. 23. 선고 2005다22701, 22718 판결〉

(중략) 대리인은 대리권을 증명하는 서면을 총회에 제출하여야 한다고 규정하고 있는 바, 여기서 '대리권을 증명하는 서면'이라 함은 위임장을 일컫는 것으로서 회사가 위임장과 함께 인감증명서, 참석장 등

을 제출하도록 요구하는 것은 대리인의 자격을 보다 확실하게 확인하기 위하여 요구하는 것일 뿐, 이러한 서류 등을 지참하지 아니하였다 하더라도 주주 또는 대리인이 다른 방법으로 위임장의 진정성 내지 위임의 사실을 증명할 수 있다면 그 대리권을 부정할 수 없다(중략)

〈수원지방법원 2023. 10. 19. 선고 2023비합50026 결정〉

(중략) 집합건물법은 위임과 관련하여 대리권을 증명하는 서면을 제출하여야 한다고 규정할 뿐(집합건물법 시행령 제15조제1항) 대리권 증명의 방법을 특정한 방식으로 엄격하게 제한하고 있지 않고 위임장에 첨부된 인감증명서는 본인의 위임의사를 확인하기 위한 여러 방법들 중 하나로 보이므로, 위임의사가 진정한 것임이 확인되는 이상 그러한 위임에 따른 의결권 행사는 효력이 있다고 볼 것임(중략)

즉, 본인 위임의사가 진정한 것임을 확인할 수 있는 다른 것이 있다면, 인감증명서가 필요 없다고 한다. 그러나 그 밖에 다른 무엇이 진정한 위임의사를 확인할 수 있을까?

[표준규약]

제42조(대리인에 의한 의결권 행사)

① 대리인은 의결권을 행사하기 이전에 의장에게 대리권을 증명하는 서면을 제출하여야 한다.

② 대리인 1인이 수인의 단지건물소유자를 대리하는 경우에는 단지건물소유자의 과반수 또는 의결권의 과반수 이상을 대리할 수 없다.

표준규약 제42조 규정과 집합건물법 시행령 제15조(대리인에 의한 의결권 행사) ①항의 내용이 같다.

그렇다면 진정한 위임장임을 확인해야 하는데 짧은 집회시간에 대리인이 위임장 외에 다른 2차 확인서류를 제출하지 않은 경우, 이를 진짜라고 인정할 수 있겠는가? 그렇다고 가짜라고 거부할 할 수도 없다. 누가 어떻게 확인할 수 있는가?

따라서 집회소집 통지서에 대리권을 증명하는 서면 내용을 공지할 필요가 있다.

대리인에게 위임할 경우 반드시 첨부한 서식을 사용한 위임장 원본과 위임인 주민등록증 사본이나 인감증명서를 첨부하라고 할 필요가 있는 것이다. 그렇지 않으면 앞서 언급한 것과 같은 혼란스러운 사태가 발생할 수 있다.

그러나 규약에 별도의 규정이 없다면 원칙적으로 위임장 원본을 제시하여야 하지만, 원본이 아니더라도 구분소유자 본인의 위임의사를 명확히 할 수 있다면 의결권 행사에 관하여 위임을 한 것으로 볼 수 있다고 한다.

예를 들어 소규모의 집합건물에서 구분소유자와 대리인을 잘 알고 있는 상황임에도 불구하고 위임장이 원본이 아니라는 이유로 대리인이 의결권을 행사하지 못하도록 하면 안 된다는 것이다. 그러나 이런 경우는 특별한 예이고 일반적으로는 원칙을 정하고 그를 지키도록 해야 회의 진행이 원활할 것이다

● 구분소유자가 법인인 경우에는 법인의 대표자가 의결권을 행사해야 한다.

대표자가 관리단집회에서 의결권을 행사하는 것이 어려운 경우에는 법인의 위임을 받은 직원이 의결권을 행사할 수 있다. 이 경우에 법인의 직원은 재직증명서와 위임장을 지참해야 한다.

● 관리단집회 소집통지서에는 위임장의 양식이 동봉될 필요가 있다.
양식(경기도 집합건물 관리 가이드)참고

○○관리단집회 의결권 위임장

1. 위임인(의결권자)

성명	(서명 또는 인)	구분	소유자 ( ) 임차인( )
호수	동 호	생년월일	
주소		연락처	010-

2. 수임인

성명	(서명 또는 인)	생년월일	
주소		연락처	010-

3. 위임내용
위임인은 ○○○○년 ○월 ○일 개최되는 ○○관리단 집회에서 수임인에게 아래의 결의사항에 대해서 의결권 행사를 위임합니다.

〈위임사항〉
제1호 안건: 관리인, 관리위원 선출의 건
제2호 안건: ○○관리회사와 위탁계약체결의 건
제3호 안건: CCTV 설치에 관한 건

년 월 일
○○관리단 귀중

다음은 서면결의서 양식이다. (경기도 집합건물 관리가이드 참조)

○○관리단집회 서면결의서

본인은 아래의 결의사항에 대해서 내용을 충분히 숙지하고 검토하였으며 서면으로 의결권을 행사합니다.

1. 의결권자*

성명	(서명 또는 인)		구분	소유자 ( ) 임차인( )
호수	동 호		생년월일	
주소			연락처	010-

※하나의 전유부분을 여러 명이 공유하고 있는 경우에는 공유자들이 합의하여 정한 1인의 명의를 기재하면 되고, 합의가 이루어지지 않으면 지분의 과반수에 해당하는 구분소유자들이 정하는 1인의 명의를 기재하면 됩니다. 지분의 과반수로도 1인을 정하지 못하면 결국 공유자들은 의결권을 행사할 수 없습니다.

※ 법인이 구분소유자인 경우에는 법인명과 대표자명을 기재하고 법인직인을 날인해야 합니다.

2. 결의사항(해당칸에 ○표시를 해 주세요)

제1호 안건 관리인 선출의 건	후보자				
	투표				
제2호 안건 위탁계약 위임 건	찬성			반대	
제3호 안건 CCTV설치 건	찬성			반대	

○○○○년 ○월 ○일   ○○**관리단 귀중**

000관리단 총회 투표지

동호수	동 호	(소유 호실 모두 기재하세요)		
구분소유자	성명 (인)		생년월일	
			연락처	
결의자	성명 (인)		생년월일	
			연락처	
	구분	소유자 ( ) 점유자 ( ) 대리인 ( )		

※ 하나의 전유부분을 여러 명이 공유하고 있는 경우에는 찬성하는 공유자의 명
 의로 모두 기재하고 해당 공유자들의 지분이 과반수를 넘어야 합니다.

※ 법인은 법인명과 대표자명을 기재하고 법인직인을 날인해야 합니다.

● 투표하고자 하는 안건에 "○" 또는 "✔"를 기표하여 주시고,

관리인은 선출하고 싶으신 후보 1명, 관리위원은 복수 선택 가능하
며 성명 아래 칸에 "○" 또는 "✔"를 표시하여 주시기 바랍니다.

[1호 의안] 관리인, 관리위원의 선출의 건

관리인 (1명선택)	후보자명	이00	박00	김△△	전00
	동의여부	( )	( )	( )	( )

관리위원	후보자명		김00	이00
	동의여부		( )	( )

관리위원은 복수선택 가능함

[2호 의안] CCTV 추가설치의 건

	찬성	반대
CCTV 추가설치(본건의결 시 입찰실시)		

[3호 의안] 시설물 철거공사 및 회계처리의 건

	찬성	반대
사용 중단된 시설물 철거공사		

000관리단, 선거관리위원회

● 관리단집회에서 의결정족수를 채우지 못해서 결의가 성립하지 않았다면 사후적으로 동의를 받았다고 해서 결의가 유효하게 성립하는 것은 아니라고 한다.

그러나 관리단집회에서 서면으로 동의서를 받았고, 추가로 구분소유자로부터 동의서를 받기로 하였으며, 동의한 구분소유자 및 의결권이 각 3/4(2023. 9. 29. 이전은 각 4/5) 이상이라면 관리단집회의 결의에 갈음한 서면결의의 성립이 인정된다.

[전자적 방법에 의한 의결권]
집합건물법은 전자적 방법에 의한 의결권 행사방식을 허용하고 있다.
〈전자서명법〉 제2조 제2호에 따른 서명자의 실명을 확인할 수 있는 전자서명 또는 인증서를 통하여 본인 확인을 거쳐서 확인하는 방법이다. 집합건물법 시행령제13조 제1항 제1호

휴대전화를 통한 본인인증 등 〈정보통신망 이용촉진 및 정보보호 등에 관한 법률〉 제23조의3 제1항에 따른 지정을 받은 본인확인 기관에서 제공하는 본인 확인을 거쳐 의결권을 행사하는 방법. 영 제13조 제1항 제1의2호 ,2023. 9. 26. 시행

규약에서 〈전자서명법〉 제2조 제1호에 따른 전자문서를 제출하는 방법 등 본인 확인절차를 완화한 방법으로 의결권을 행사할 수 있도록

달리 정하고 있는 경우. 영 제13조 제1항 제2호

　따라서 전자서명 또는 인증서나, 휴대전화를 통한 본인인증을 활용한 전자투표의 경우에는 규약의 정함이 없더라도 이를 활용하여 결의를 성립시킬 수 있다.

　그러나 휴대전화 문자메시지나 이메일 등을 통해서 의결권을 행사하기 위해서는 규약에서 본인 확인 절차를 완화한 방법으로 의결권을 행사할 수 있도록 허용하고 있어야 할 것이다.

　그러나 규약 제정 시 표준규약을 대부분 원용하기 때문에 팩스, 문자메시지는 서면결의서로 인정되지 않을 가능성이 크다. 따라서 서면결의서를 직접 제출하거나 우편으로 제출하는 것이 바람직하다.
　관리단에서 집회 소집통지를 하면서 서면동의서를 동봉한 경우에 관리단에서 발송한 양식 이외의 서면 의결서가 유효한지 여부가 논란이 될 수 있다.
　만약 규약에 관리단에서 발송한 서면결의서 양식에 따라서 의결권을 행사하도록 규정하고 있다면 그러한 서면에 의한 의결권 행사만 유효하다고 보아야 한다.

　그러나 규약에 별도의 규정이 없고 구분소유자의 의사가 서면에 의해서 명확히 표시되었다면 비록 관리단이 발송한 양식에 따른 의결권 행사가 아니더라도 유효한 의결권 행사로 볼 수도 있다.

서면결의서는 관리단집회 결의 전까지 행사할 수 있다.

집회 없이 서면이나 전자적 방법으로 결의할 경우 구분소유자의 3/4, 의결권의 3/4 이상의 동의를 받아야 한다. 법 제41조 2023. 9. 29. 개정.

그런데 집회에 갈음하는 서면 결의의 경우에 서면결의서를 언제까지 제출해야 한다는 규정은 없다. 따라서 특정한 시점에서 구분소유자 및 의결권의 각 3/4 (2023. 9. 29. 이전 각 4/5) 이상이 동의하였다면 서면에 의한 결의가 성립한 것으로 볼 수 있다.

다만 서면결의서를 받는 기간이 길어지게 되면 구분소유자가 변동되거나 구분소유자의 의사가 변경되는 등의 문제가 발생할 수 있으므로 서면결의서를 제출 받는 기간을 정하는 것이 좋을 것이다.

관리단집회에 갈음하는 서면결의서를 발송할 때에는 특히 안건에 대한 설명을 포함시켜야 할 것이다.

서면 결의는 한 장소에 모여서 일시에 찬반의사를 표시하는 것이 아니라 일정한 시일이 소요된다. 그렇기 때문에 소유자의 변동 등이 문제가 될 수도 있다.

원칙적으로 서면 결의를 위한 기간은 중요하지 않으며 결의의 성립을 주장하는 시점에서 구분소유자 및 의결권의 각 3/4 이상의 동의가 인정되면 서면 결의가 성립한 것으로 볼 수 있다.

　따라서 원래 구분소유자 및 의결권의 각 3/4 이상의 동의를 얻었으나 결의의 성립을 주장하는 시점 이전에 구분소유자가 변경되었다면 새로운 구분소유자의 서면동의가 필요할 수도 있다.
　즉 구분소유자가 변동되었기 때문에 구분소유자 및 의결권의 각 3/4 이상의 요건이 충족되지 않는다면 새로운 구분소유자에게 서면동의를 받아야 한다.

[임차인의 의결권]
　집합건물과 공동주택의 근본적 차이는 투표권 및 의결권에 있다.
　즉 집합건물은 소유면적에 따른 의결권과 구분소유자 수에 의해 결정되는 의결권이 있으며 안건마다 두 의결기준을 달성해야 한다.
　입주민인 임차인에게 투표권이 있는 공동주택과 다른 점이다.

　임차인, 즉 구분소유자의 승낙을 받아 전유부분을 점유하는 자는 관리단집회 의결사항 중 일부에 관해 별도의 위임 행위 없이도 각 구분소유자의 의결권을 행사할 수 있다. 그러나 우선권은 구분소유자에게 있다.

　임차인 등 점유자가 의결권을 행사할 수 있는 관리단집회 의결사항은
　① 공용부분 관리에 관한 사항(〈집합건물법〉 제16조 제2항),
　② 관리인 선임 및 해임(제24조 제4항),

③ 회계감사를 받지 않기로 하는 결의(제26조의2 제2항),

④ 관리위원 선임 및 해임(제26조의4 제5항) 등 4가지다.

4가지 의결사항은 집합건물의 사용 및 관리에 관한 것이므로, 구분소유자로부터 의결권 행사에 관한 대리권을 받지 않더라도 점유자는 그 구분소유자의 의결권을 행사할 수 있다.

그러나 이 경우에도 구분소유자의 의사가 우선되므로, 구분소유자가 달리 의결권을 행사할 의사를 관리단에 통지한 경우에는 점유자의 의결권 행사는 배제된다.

규약 설정을 위한 관리단집회의 경우에는 위 4가지에 포함되지 않으므로, 점유자가 관리단집회에서 의결권을 행사하기 위해서는 구분소유자로부터 의결권 행사에 관한 대리권을 사전에 받아야 한다.

관리인이나 관리위원의 선출에 있어서 구분소유자가 자신이 직접 의결권을 행사하겠다는 점을 관리단에 통지한 경우에는 임차인이 관리단집회에서 의결권을 행사할 수 없다.

문제는 구분소유자가 관리인이나 관리위원의 선출에 있어서 자신의 의결권을 행사하겠다는 통지를 하지 않았거나, 공용부분의 관리에 관한 결의에서 구분소유자와 임차인이 동시에 의결권을 행사한 경우이다.

구분소유자와 임차인이 동시에 의결권을 행사하였다면, 구분소유자의 의결권 행사가 우선한다. 임차인은 관리단집회에서 자신의 의결권을 갖는 것이 아니라 구분소유자의 의결권을 대신 행사할 뿐이기 때문이다.

임차인도 공용부분의 관리에 관한 결의에 있어서 의결권을 행사할 수 있다.

다만 공용부분의 관리에 관한 사항이더라도 소유권에 특별한 영향을 주는 경우에는 의결권을 행사하기 전에 구분소유자의 동의를 얻어야 한다.

예를 들어 공용부분에 전용사용권을 설정하기 위한 결의를 하는 경우 구분소유자의 동의를 얻어야 하는 것이다.

● 임차인의 의결권을 대리인에게 위임할 수 있는가?

임차인이 의결권을 행사할 수 있다고 해서 임차인이 독자적으로 의결권을 갖는 것은 아니다. 임차인은 관리단의 구성원이 될 수 없기 때문이다. 임차인은 독자적인 의결권을 갖는 것이 아니라 구분소유자가 가진 의결권을 구분소유자를 대신하여 행사하는 것이다.

따라서 임차인은 구분소유자의 동의가 있거나 특별한 사정이 있는 경우가 아니라면 임의로 다른 사람에게 의결권을 위임할 수는 없다.

임차인도 대리인을 통하여 의결권을 행사할 수도 있다.

하지만 임차인은 법률의 규정(〈집합건물법〉 제16조 제2항, 제24

조 제4항, 제26조의2 제2항, 제26조의4 제5항)에 의해서 구분소유자의 의결권 행사를 위임된 것이기 때문에 선량한 관리자의 주의로 구분소유자의 의결권을 행사해야 한다.

따라서 임차인이 포괄적으로 제3자에게 의결권 행사를 위임하는 것은 부득이한 사유가 있거나 구분소유자인 임대인의 동의가 있는 경우가 아니라면 선량한 관리자의 주의로 구분소유자의 의결권을 행사하는 것으로 볼 수 없는 것이다.

(4)
총회 참석자, 기타

집회 참석은 아무나 할 수 없다. 집회의 원활한 진행을 위해서는 통제가 필요하다.

● **총회 참석이 가능한 사람**

▶ 구분소유자 및 구분소유자의 대리인

▶ 임차인이 의결권을 행사할 수 있는 사항에 있어서 임차인(구분소유자 동의)

▶ 임차인이 의결권을 행사할 수 없는 사항이더라도 이해관계가 있다면 집회에 출석하고 의견진술 가능. 법 제40조

● **참석자격 확인도 중요하다.**

▶ 구분소유자 – 신분증과 동 호수 확인

▶ 구분소유자의 대리인 – 동봉 위임장, 대리인 신분증, 위임인 신분증 사본

▶ 전유부분의 공유자

- 집회에 참석한 공유자가 과반수 공유자인지 여부
- 과반수 공유자가 아니라면 참석한 공유자를 포함하여 위임한 공
  유자의 지분이 과반수인지 여부 확인, 이 경우 위임장을 지참.

▶ 임차인
- 임차인이 의결권을 행사할 수 있는 사항이거나, 임차인에게도
  이해관계가 있는 안건의 경우에 참석 가능하나 구분소유자 동
  의 확인

● 관리단집회의 의장

▶ 관리단집회를 소집한 관리인

▶ 구분소유자가 관리단집회를 소집한 경우에는 구분소유자 중에서
  연장자

▶ 관리단집회의 결의에 의해서 의장선출 가능

▶ 규약의 정함이 있으면 그에 따름

● 관리단집회의 의사록

▶ 관리단집회의 의장은 아래의 양식을 참고하여 의사록을 작성하
  여야 함

▶ 의장과 구분소유자 2인 이상이 의사록에 서명날인 해야 하며,
  의사록이 여러 장인 경우에는 간인해야 함.

● 서명날인은 자구 그대로 서명과 날인을 다 해야 하는가 아니면
서명 또는 날인으로 하나만 하면 되는가?

다음은 관리인 선임신고 과정에서 문제가 됐던 내용으로 '법률구조공단의 해석'과 '경기도 집합건물관리가이드' 발췌내용이다.

[법률구조공단의 해석]

집합건물법 시행령 제5조의 5는 '관리인의 선임신고'에 관하여, "법 제24조 제6항에 따른 관리인으로 선임된 자는 선임일부터 30일 이내에 별지 서식의 관리인 선임 신고서에 선임사실을 입증할 수 있는 다음 각 호의 어느 하나에 해당하는 자료를 첨부하여 소관청장에게 제출해야 한다."고 하면서, 제1호에 '법 제39조 제2항에 따른 관리단집회 의사록'을 두고 있습니다.

위와 같이 집합건물법 제39조 제3항은 의장과 구분소유자 2인 이상의 '서명날인'을 명시적으로 요구하고 있고, 이는 서명 또는 날인이 아닌 서명과 날인을 모두 해야 한다는 의미로 해석되므로, 서명만으로는 위 법에서 정한 요건을 충족하지 못한다고 할 것입니다. 그렇다면 의사록에 의장과 구분소유자 2인 이상의 날인을 추가로 받아 다시 제출하는 것이 상황에 맞는 해결책으로 보입니다.

위 답변은 답변자 개인의 법률적 의견으로서 이와 다른 의견이 있을 수도 있으므로 참고 자료로만 활용해 주시고, 특히 위 답변을 증거자료로 쓰는 것은 부적절하므로 이 점 양해해 주시기 바랍니다.

대한법률구조공단 서울△△지부 변호사 000

그러나 다음은 소관청의 집합건물 관리가이드는 다르게 안내하고
있다.

[경기도 집합건물 관리가이드] 427쪽

● 관리단집회의 의사록
관리단집회의 의장은 아래의 양식을 참고하여 의사록을 작성하여야 함
의장과 구분소유자 2인 이상이 의사록에 서명 또는 날인해야 하며, 의사록
이 여러 장인 경우에는 간인해야 함.

법률구조공단의 담당 변호사는 예상대로 자구 그대로 해석하였다.
답변에 한계가 있을 수밖에 없다.

그러나 위에서 보듯 경기도 집합건물 관리가이드에서는 서명 또는
날인해야 한다고 되어 있다. 합리적이다.

의사록은 통상 관리인이 보관해야 한다(경기도집합건물 관리가이드).

구분소유자와 이해관계인은 의사록을 보관하는 자에게 열람과 등본
을 청구할 수 있으며 신청자가 등본 비용을 부담해야 함
이해관계인: 구분소유자의 동거가족, 임차인, 매수인, 전유부분의
담보권자 등

총회는 관리단과 관리인 행위의 법적 근거다. 특히 관리인의 권한이 공용부분의 보존행위로 축소된 만큼 많은 일이 총회 의결사항이다.

안건 상정, 설명 및 표결과 집계, 업무보고 등 절차가 중요한 공식 행사다.

그러나 진행이 매끄럽지 못한 경우가 많다. 특히 의사진행과 별 상관없는 괜한 질문으로 소동이 일어나기도 한다.

비용을 들여 경험 있는 사회자를 구하면 되지만 분명히 낭비다. 따라서 사전에 회의 진행에 대한 충분한 대비와 연습이 필요하다.

총회 일정 및 안건 통보 방법, 집합건물의 표결 계산의 다른 점, 임차인의 의결권, 총회 참석자, 신분 확인 등 세부 내용을 정확하게 파악하여야 한다.

안건에 따라 구분소유자 및 의결권의 과반수, 3분의 2, 또는 4분의 3 등 의결 기준이 정해져 있다.

구분소유자 과반수와 의결권 과반수 동의를 얻는 것이 쉽지 않다. 따라서 안건에 대한 충분한 안내와 설명이 필요하다.

임차인의 의결권 재위임이 부인되는 점, 그리고 대리인의 위임장과 확인서류 등은 충분한 숙지가 필요하다.

그리고 구분소유자들은 의결권 행사에 적극 참여해야 하고 정상적인 집회가 되도록 참여자 모두 규칙을 지켜야 한다.

총회 참석 가능한 사람이 정해져 있다.
- 구분소유자 및 구분소유자의 대리인
- 임차인(구분소유자 동의 확인 필요)

참석자격 확인도 철저히 할 필요가 있다.
- 구분소유자 – 신분증과 동 호수 확인
- 구분소유자의 대리인 – 동봉 위임장, 대리인 신분증, 위임인 신분증 사본

4

규약, 규정을
잘 만들려면

(1)
관리규약 제정의 아쉬움

규약이 없다면 건물관리가 곤란할 것이다.

규약제정을 서둘렀고 가장 많은 시간을 들였다. 그럼에도 시간이 부족했고 관련 경험과 지식이 많이 부족했다. 집합건물관리가이드만이라도 참고했으면 훌륭한 규약이 되었을 것이다. 규약을 개정하려면 구분소유자 4분의3 동의를 받아야 하는데 어려운 일이다. 아쉬운 것이다.

법 제28조(규약) ① 건물과 대지 또는 부속시설의 관리 또는 사용에 관한 구분소유자들 사이의 사항 중 이 법에서 규정하지 아니한 사항은 규약으로써 정할 수 있다.

② 일부공용부분에 관한 사항으로써 구분소유자 전원에게 이해관계가 있지 아니한 사항은 구분소유자 전원의 규약에 따로 정하지 아니하면 일부공용부분을 공용하는 구분소유자의 규약으로써 정할 수 있다.

③ 제1항과 제2항의 경우에 구분소유자 외의 자의 권리를 침해하지 못한다.

④ 법무부장관은 이 법을 적용하는 건물과 대지 및 부속시설의 효율적이고 공정한 관리를 위하여 표준규약을 마련하여야 한다. 〈개정 2023. 3. 28.〉

⑤ 시, 도지사는 제4항에 따른 표준규약을 참고하여 대통령령으로 정하는 바에 따라 지역별 표준규약을 마련하여 보급하여야 한다. 〈신설 2023. 3. 28.〉

법무부장관은 이 법을 적용하는 건물과 대지 및 부속시설의 효율적이고 공정한 관리를 위하여 표준규약을 마련하여야 하고 시·도지사는 그를 참고하여 지역별 표준규약을 만들어 보급하여야 한다.

분양자는 또 법 제28조 제4항에 따른 표준규약 및 같은 조 제5항에 따른 지역별 표준규약을 참고하여 공정증서로써 규약에 상응하는 것을 정하여 분양계약을 체결하기 전에 분양을 받을 자에게 주어야 한다. 법 제9조의3 ② 〈개정 2023. 3.〉

그에 따라 분양된 상가나 오피스텔의 수분양자는 분양자에게 잔금을 지급하면서 '표준규약'을 받는다. 그런데 분양자가 공정증서로 작성하는 규약은 규약(안)이며 그 자체가 규약이 될 수는 없다고 한다.

따라서 분양자는 예정된 매수인의 1/2 이상이 이전등기를 한 경우에 구분소유자들에게 규약의 설정을 위해서 관리단집회를 소집할 것을 통지하여야 하고, 통지받은 날로부터 3개월 내에 관리단집회가 소집되지 않으면 분양자는 규약의 설정을 위한 관리단집회를 소집하여야 한다.

분양자가 제공한 규약이 바로 해당 집합건물의 규약이 되는 것은 아니지만 분양자는 자신이 수분양자들에게 제공한 규약에 따라 관리업무를 수행해야 하며, 관리단집회에서 이 규약(안)이 규약으로 제정될 수 있도록 해야 한다.

● 만약 분양계약에서 분양자가 제공한 규약을 집합건물 관리단의 규약으로 한다는 내용이 포함되어 있거나, 입주 시점에서 입주민들로부터 규약에 대한 서면동의를 받았다면 분양자가 제공한 규약(안)에 대해서 서면결의가 있는 것으로 볼 수 있고 관리단이 성립하게 되면 그러한 규약(안)을 관리단의 규약으로 볼 수도 있다.

현장에 따라 논란은 있을 수 있다. 그러나 표준규약에 준하여 만들게 함으로써 분양자가 일방적으로 구분소유자의 권리를 침해하는 내용의 규약제정을 방지하고 공용부분의 사용 및 관리에 대해 기준역할을 하도록 하는 효과는 있을 것이다.

표준관리규약 일부 조항들은 해당 집합건물에 적합하도록 적절하게 수정할 필요가 있다.

특히 앞서 언급한 관리인 자격, 선임 의결 방법 등 현실성 있게 변경할 필요가 있다.

규약의 설정 및 개정은 관리단 집회에서 구분소유자 및 의결권의 3/4 이상의 동의를 얻어야 한다. 관리단집회 참석율이 겨우 50%~60%이다. 따라서 의결을 위해서는 장기간 서면동의서와 전자적 방법으로 참여를 독려해야 가능하다.

그런데 분양자가 만든 표준관리규약을 그대로 사용하면 앞에 언급한 대로 상당한 어려움이 있을 것이므로 시간이 걸리더라도 세심하게 살펴보고 여러 의견을 들어 보고 제정 또는 개정할 필요가 있다.

집합건물법 제28조 제1항에서 "건물과 궤지 또는 부속시설의 관리 또는 사용에 관한 구분소유자들 사이의 사항 중 이 법에서 규정하지 아니한 사항은 규약으로써 정할 수 있다"라고 규정하고 있으며 집합건물법령의 강행규정에 반하지 않는 한 규약으로 제정하여 적용할 수 있다.

한편, 시행령 제12조에는 표준규약에 포함하여야 할 항목으로 아래와 같이 정하고 있다

가. 구분소유자의 권리와 의무에 관한 사항

나. 규약의 설정·변경·폐지에 관한 사항

다. 구분소유자 공동의 이익과 관련된 전유부분의 사용에 관한 사항

라. 건물의 대지, 공용부분 및 부속시설의 사용 및 보존·관리·변경에 관한 사항

마. 관리위탁계약 등 관리단이 체결하는 계약에 관한 사항

바. 관리단집회의 운영에 관한 사항

사. 관리인의 선임 및 해임에 관한 사항

아. 관리위원회에 관한 사항

자. 관리단의 임직원에 관한 사항

차. 관리단의 사무집행을 위한 분담금과 비용의 산정방법, 징수·지출·적립 내역에 관한 사항

카. 제10호 외에 관리단이 얻은 수입의 사용방법에 관한 사항

타. 회계처리기준 및 회계관리·회계감사에 관한 사항

파. 의무위반자에 대한 조치에 관한 사항

하. 그 밖에 집합건물의 관리에 필요한 사항

법무부 표준관리규약 해설에서는 단지형공동주택과 상가집합건물의 두 가지 유형을 제공하고 있으며, 주거용, 상업용, 주상복합용과 1동형, 단지형의 조합의 경우의 수가 있으므로 적절하게 혼합하여 적용하여야 한다. 서울시에서는 단지형 공동주택, 상가, 오피스텔 표준관리규약을 제공하고 있다.

다음 표는 경기도 집합건물관리가이드에 실린 내용 일부이다.
매우 정리가 잘 되어 있다.

● 규약을 제정, 개정함에 있어서 점검해야 할 사항

쟁점 사항	yes / no	규약 포함 여부
관리위원회 설치 여부	yes	관리위원회 설치에 관한 규정 필요
	no	관리위원회에 관한 규정을 둘 필요가 없음
관리위원을 선거구별로 선출 여부	yes	관리위원을 선거별로 선출한다는 내용과 선거구, 선거구별 관리위원 수를 정해야 함
	no	필요 없음.
관리인을 관리위원회에서 선출할 경우	yes	관리인을 관리위원회에서 선출한다는 규정 필요
	no	필요 없음
통상결의 요건을 구분소유자 및 의결권의 과반수보다 완화 여부	yes	통상결의요건을 완화하는 규정을 두어야 함
	no	규정이 없다면 구분소유자 및 의결권의 과반수임
의결권 행사방법으로 문자메시지, 이메일, 인증 없는 전자투표를 활용 여부	yes	방법에 대한 규약의 정함이 있어야 함
	no	규약의 정함이 없다면 이런 방법으로 의결권을 행사할 수 없음
의결권의 비율	yes	각 구분소유자의 의결권의 비율을 규약에서 정해야 함
	no	규정이 없다면 전유부분의 면적비율(공용부분 지분비율)에 따라서 의결권의 크기가 결정
수선적립금을 수선공사 이외의 용도로 사용할 수 있도록 할 것인지	yes	규약으로 수선적립금의 용도를 별도로 규정한 경우에만 수선공사 이외의 용도로 수선적립금을 사용할 수 있음
	no	규약의 정함이 없다면 수선공사를 위해서만 수선적립금을 사용가능

그 밖의 내용은 집합건물 가이드 자료 참조

(2)
규정 및 세칙의 필요성과 한계

표준규약 제8조에는 규약을 보충하는 규정이나 세칙을 정할 수 있도록 하고 있다.

규약에서는 기본적인 사항만 정하고 상세한 사항은 규정이나 세칙으로 따로 정할 필요가 있다. 즉, 관리단집회의 결의로 관리단 집회 운영, 관리위원회 운영, 회계 관리, 주차장 이용, 흡연, 동물관리 등에 대한 세칙을 정할 수 있다.

규정이나 세칙 제정 결의는 규약으로 달리 정하지 않는 한 관리단집회에서 통상결의로 충분하다 고 설명하고 있다(표준관리규약 해설).

이는 또 세칙이나 규정의 이름으로 관리위원회의 의결로 제정할 수 있다고 규약으로 정할 수 있을 것이다.

다만 규약으로만 규정할 수 있는 사항(절대적 사항)은 세칙으로 정하는 경우 효력이 없다고 한다.

즉, 규약 공용부분/규약 대지의 규정, 공용부분의 공유관계/공용부

분의 공유지분의 비율, 공용부분의 관리어 관한 결의에서의 구분소유
자 정수의 삭감, 공용부분의 부담 및 이익수취의 비율, 관리인의 선
임/해임, 관리규약이나 관리단집회 의사륵의 보관 및 열람 등은 규약
으로 정하여야 하며, 세칙은 허용하지 않는다(표준관리규약 해설).

[3]
주차규정 사례

주상복합건물의 주차규정은 상가와 오피스텔(주거시설)이 입장이 다르다.

상가 점주는 고객 주차가 용이해야 한다.

오피스텔 입주민은 본인들에게 혜택이 많기를 바란다.

외부인 상가 방문 차량에 대해 할인 혜택이 많고 주변 다른 건물대비 주차요금이 저렴하면 주차장은 금방 만원이 된다.

그러면 오피스텔 입주민의 이용이 불편하다.

영화관이 입점한 건물은 시간 조정이 쉽지 않다

영화관 상영시간을 감안하여 관람객 3시간 무료로 정하고 나니 다른 점포 이용객 또한 3시간 무료로 할 수밖에 없다. 우리 건물 인근 e 마트 건물 내 입점한 영화관이 풀 무료주차인 점도 고려해야 한다.

오피스텔 입주민에게는 그동안 했던 대로 면적별로 1대 또는 2대 무료주차권과 월 5장의 일일권을 주었는데 일일권을 시간별로 쪼개서 쓸 수 있게 해 달라는 사람이 몇 사람 있었다.

5장의 일일권은 월 5회 무료주차권으로 이해해야 하는데 5장을 120시간의 시간개념으로 생각한 것이다. 물론 그렇게 할 수도 있다.

오피스텔 방문객은 상가와 똑같이 3시간 무료이다. 여기서 1~2시간 더 보내는 경우가 있는데 1일권을 온통 다 써야 하는 것이 아깝다는 것이다. 이해는 된다.

그렇게 하는 것이 매우 효율적이라고 하지만 일이 많이 복잡해진다.

24시간으로 나누면 320실*5일*24시간=38,400장, 복잡하니까 1일을 3시간 권 8장으로 나눠 준다고 하면

1호실당 5일*8장=40장의 6시간 권(방문객 기본 3시간 무료권+분할 3시간 권)을 제공하고 320실이니 총 12,800장…

얼마나 과다하고 피곤한 업무인가? 담당직원은 다른 일은 못 할 수도 있는 것이다.

주차면적 834대이고 상가 231호실, 오피스텔 320실의 입주민 등록 차량은 770대다. 여기에 관리소 직원, 배달, 청소, 정기점검 차량을 차감하면 여유는 20여대에 불과하다. 다소 과한 주장인 셈이다. 입주민 등록 차량이 들고 나면서 생기는 여유 공간에 방문객이 주차하는 것이다.

방문객의 3시간 주차시간 외에 추가 주차는 시간당 5백 원의 할인권으로 이용하면 되는데도 민원을 제기하고 불만을 토로하고 있다.

주차규정 개정도 총회 사항이다. 이 건 하나를 총회 안건으로 하는

것도 문제다. 개정할 때 여러 사항을 함께 개정해야 한다.

　주변보다 주차 할인 혜택이 많으면 주차난이 발생한다.

　주차난이 발생할 정도 되면 입주민 및 소유자의 불만이 폭주하게 되므로 주변 동향을 살피고 있어야 한다.

　우리 건물은 주변 건물 주차규정을 감안하여 다음 총회에서는 상가 및 오피스텔 이용객에게 2시간 기본무료로 하고 시간당 500원의 추가 이용권을 구매하도록 규정 개정이 필요한 시점이다. 영화관 고객도 500원~1000원씩은 추가 부담하도록 변경해야 할 것이다.

　다음은 주차규정 변경(안)이다.

개정 전후 비교 표

조항	변경 전	변경 후	비고
제6조(월 주차) ⑤항	외부차량의 월 주차요금은 월 20만 원으로 한다	외부차량의 월 주차 요금은 월 20만 원으로 한다. 단, 관리단과 계약에 의해 달리 적용할 수 있다.	- 단서 문구 추가
제7조(방문 차량) ①항	3시간 무료	2시간 무료	- 주변 시세 반영
제8조(오피스텔의 무료 주차권 및 추가할인권)	상가 입주자는 시간당 500원의 웹 할인권을 구매하여 방문자에게 제공할 수 있다	상가 및 오피스텔 입주자는 시간당 500원의 웹 할인권을 구매하여 방문자에게 제공할 수 있다. 단, 영화관은 상영 시간을 감안하여 다르게 적용할 수 있다.	- 오피스텔의 추가 할인 요구를 반영하고 영화관의 특수성을 감안하여 결정
제10조 (주차요금 적용) ②항	방문차량 최초 3시간 무료, 이후 30분당 1,000원	방문차량 최초 2시간 무료, 이후 15분당 1,000원	- 주변 시세 반영

(4)

회계세칙 사례

규약에 모든 상황을 염두에 두고 열거할 수는 없다.

표준규약 제83조(회계세칙)에 필요한 경우 회계세칙을 정할 수 있다고 되어 있다.

2023년 총회에서 다음과 같이 잡수입처리 세칙을 제정 의결하였다.

잡수입(관리 외 수입)처리 세칙

제1조(목적)

법무부 고시(제2021-218호) 집합건물 회계처리기준에 따라 관리규약 제74조, 제78조의 잡수입(관리 외 수입)의 사용에 대하여 구체적인 용도와 계산방법을 정하여 처리 근거를 명확히 하고자 함.

제2조(관리 외 비용)

주차장사용료, 임대료 등 관리 외 수입은 다음 각 호의 관련 부대비용이나 관리비로 부과하기 적절하지 않은 비용 지출 시 사용할 수 있다

① 주차장 관리에 직접 소요되는 주차시스템 렌탈료, 주차장 청소 용역비와 주차장전기료(차감 관리비), 주차카드수수료, 기타 비용 등

② 검침수당, 법인세, 부과차손 등

제3조(관리 외 수입의 처리 및 수선적립금 계산)

규약 제78조 ②항의 수선적립금 계산에서 '관리 외 수입'은 총수입에서 세칙 제2조(관리 외 비용)에서 정한 비용을 차감한 후 산출된 금액으로 하며 그중 전년도 관리비 집행액의 2%까지 다음 각 호의 용도로 사용할 수 있도록 하고 나머지는 수선적립금으로 적립하기로 한다.

(1) 관리단집회 비용 및 관리단운영비(회의비, 관리인보수, 관리위원회 및 선거관리위원회 참석수당 등)와 관리위원회 의결에 의한 관리직원의 격려금 또는 명절 선물비

(2) 기타 관리비로 부과하기 적절하지 않은 비용(예; 건물관리 관련 소송비용 등)

부칙

제1조(시행); 본 세칙은 관리규약 제8조(규약의 보충) 및 제83조(회계세칙)에 의거 관리규약을 보충한 것으로 2023. 3. 30. 관리단집회(정기총회) 의결 후 즉시 시행하기로 한다. 끝

이렇게 세칙을 정하고 총회에서 의결하였는데 소관청의 공무원이 규약변경 아니냐며 따진다. 규약변경은 4분의 3의 동의를 얻어야 하

는데 편법을 써서 세칙이라는 이름으로 통상의 의결로 제정한 것 아니냐는 것이다.

언제부터 그렇게 관심이 많았나 모르겠다. 표준규약에도 규정 및 세칙 제정이 가능하게 되어 있다.

전기수도료 및 인건비, 수선비 등 지출액이 정해지면 각 호수 면적으로 나눠 부과하기 때문에 기본적으로 공동주택의 손익은 제로이다. 세칙이 필요 없다.

그러나 통상 집합건물은 주차장을 구비하고 있고 유휴 면적 및 시간에 주차료 수입이 발생한다. 수입금액의 사용에 대하여 대략적인 가이드라인은 규약에 정해져 있지만 해석이 엇갈릴 수 있어 자칫 분쟁의 소지가 있는 부분은 구체적으로 정리할 필요가 있다.

법무부 고시 제2021-218호 집합건물 회계처리기준 (2021. 7. 12. 시행)을 참고한다. 내용을 간단히 정리하면

자산과 부채, 순자산의 내용을 표시하는 재무상태표와 회계연도에 속하는 모든 수익과 이에 대응하는 모든 비용을 표시하는 운영성과표에 대해 설명하고 있다.

운영성과표는 크게 관리수익, 관리비용, 관리 외 수익, 관리 외 비용, 관리손익(손실), 당기순이익(순손실)만 알면 된다.

관리수익은 입주민에게 부과하는 금액이다.

관리비용은 부과의 근거가 되는 인건비 등 발생 비용과 고지되거나

청구된 전기 수도료 금액이다.

　문제는 관리 외 수익이다. 즉, 잡수익(잡수입)을 말한다.
　잡수입(관리외수익) 처리기준은 규약으로 정한다. 표준규약에서는
통상 전년도 관리비 집행액의 2%까지 관리비로 사용할 수 있게 되어
있다. 잡수입의 대부분은 주차료 수입이다. 문제는 주차장 운영에 필
요한 직접경비(주차시스템 렌탈료(위탁수수료), 청소용역비, 전기료
등)가 거의 2%에 달하는 것이다. 따라서 이를 제외하고 계산하지 않
으면 여유가 없다. 담당 회계사 자문을 받은 바, 그 직접경비는 제외
하고 계산할 수 있다는 의견을 반영하여 차후 분쟁예방을 위하여 잡수
입 처리세칙을 제정하여 정리하게 된 것이다.

[집합건물 회계처리 기준]

제27조(관리 외 수익)

　① '관리 외 수익'은 관리수익 외에 공용부분 및 복리시설의 사용료
등 부수적으로 발생하는 수입을 말한다.

　② 관리 외 수익은 각 항목별로 알 수 있도록 구체적인 계정과목을
사용한다.

제28조(관리 외 비용)

　① '관리 외 비용'은 관리 외 수익의 실현과정에서 발생하는 티용
(즉, 주차료를 받는데 필요한 주차시스템 렌트료, 주차장청소용역비,
주차장전기료 등)과 집합건물의 관리과정에 발생하는 비용중 관리비

로 부과하기 적절하지 아니한 검침수당, 부과차손, 법인세 등 관리비용에 포함되지 아니하는 비용을 말한다.

② 관리 외 비용은 각 항목별로 알 수 있도록 구체적인 계정과목을 설정하여 처리한다.

즉 관리 외 수익 중 하나인 주차수입은 사용 용도가 정해져 있으며 남은 수입은 이익잉여금이 되고 수선적립금으로 적립하여야 한다.

따라서 주차수입의 용도 외 사용을 명확히 제한하고자 관리 외 수익(잡수익)의 사용 용도와 한도를 구체적으로 규정한 회계세칙을 제정하여 정기총회에서 의결하였다.

(5)
통로, 복도 공유부분 관리규정 사례

통로, 복도 등 공유부분 무단 점유는 골칫거리다.

준공 후 시간이 갈수록 제어할 수 없게 된다.

20XX년 3월 정기총회에서 무질서한 통로, 복도 등 공유부분 적치물을 통제하고자 다음과 같이 규정을 만들어 시행하고 있다.

통로, 복도 등 공유부분, 공개공지 및 소음 관리규정

제1조 [목 적]

우리 건물의 가치 상승과 상가 활성화를 도모하고 소음 및 냄새로 인한 입주자 간 갈등을 해소하며, 적치물로 인한 각종 위험 방지와 미관 저해 방지를 목적으로 한다.

제2조 [규정 등의 준수의무]

오피스텔 입주민과 상가의 입점자 및 사용자는 원활한 공유부분 관리와 상가관리 등 공동의 이익 증진을 위하여 관계 법령 및 이 규정에서 정한 제반 규정을 성실히 준수할 의무가 있다.

제3조 [옥내 & 옥외 간판 설치 기준]

① 관리규약 제2장 10조 2항에 의해 당해업소 전면 폭80% 이내 (최대10m, 세로크기는 게시 틀 포함 65cm(글자크기는 가로45cm, 세로 45cm)) 규격 이내로 지정된 장소에 부착하고, 그 외 장소에 설치한 경우에는 관리사무소에서 임의 철거할 수 있다.

② 위반한 간판은 3일 이내 철거할 것을 서면 또는 구두로 통지하고, 기간 내 철거되지 않을 시 관리사무소장이 적당한 보관장소에 보관하거나, 폐기 조치하고 이를 해당 소유자에게 즉시 통보해야 한다.

제4조 [입간판 등 광고물 설치 기준]

① 입점 상가당 2개의 입간판(배너) 설치를 기준으로 하며, 관리사무소에 신고하여 승인을 받은 후 각 호에 맞춰 설치할 수 있다.

- 건물 공용부의 경우: 상가 입구 벽에서 45cm 이내 다만, 공용 복도가 좁아 통행을 방해하는 경우에는 관리사무소에서 위치 변경을 요구할 수 있으며, 변경 통보를 받은 경우, 이동시켜야 한다.

② 광고용 풍선 및 기타 광고물은 설치할 수 없다.

③ 현수막(프랑카드)은 관할 시, 구 조례를 따라야 하며 사전에 관리사무소에 신고하고 최장 30일간 부착할 수 있다.

④ 위반한 광고물은 3일 이내 철거할 것을 서면 또는 구두로 통지하고, 기간 내 철거되지 않을 시 관리사무소장이 적당한 보관장소에 보관하거나, 폐기 조치하고 이를 해당 소유자에게 즉시 통보해야 한다.

제5조 [공유부분의 사용기준]

① 공유부분의 사용은 제4조 1항을 적용하여 구조물 또는 비치물을 허용하며, 그 구조물 또는 적치물은 관리사무소에 사전 신청하여 관리사무소의 승인을 득해야 한다. 다만, 구조물 또는 적치물이 미관을 저해하는 경우에는 허용되지 않는다.

② 위반한 구조물은 7일 이내, 적치물은 3일 이내, 그 외 위반사항은 관리(운영)위원회에서 의결한 기간 안에 자체 원상 복구할 것을 관리사무소장이 서면 또는 구두로 통지하고, 원상복구 조치가 이루어지지 않으면 해당 소유자의 책임으로 관리사무소가 철거 등 강제 조치할 수 있다.

제6조 [적치물 적재 기준]

① 점유자는 적치물 및 소유물에 책임을 진다.

② 적치물 및 소유물을 공용 부분에 적치하여 사람의 소통을 방해하거나 타인에게 손해를 입혔을 경우 배상할 책임이 있다.

③ 각 층의 공용통로 및 복도 등 공용 공간(주차장 포함)에 적치물을 무단으로 적치한 경우 1차로 관리사무소장의 경고 후 재독촉하고 1일의 유예기간을 가진 후에도 불이행 시 관리사무소에서 임의 처분하더라도 이에 이의를 제기할 수 없다.

제7조 [환경관리 기준]

① 음식물 쓰레기는 지정된 규격통을 이용하여 바닥에 흘리지 않도록 지정 장소로 운반하여야 한다.

② 음식물 쓰레기 처리업체와 계약 후 지정된 용기에 담아 처리하여

야 한다.

③ 일반 쓰레기는 규격봉투를 이용하여 쓰레기 처리장에 처리하여야 한다.

④ 물건의 운반 시에는 바닥 타일 보호를 위하여 반드시 고무바퀴가 달린 운반구를 사용하여 이동해야 하며, 바닥에서 밀거나 당겨서 옮길 수 없으며 바닥 타일 파손 시 즉시 배상하여야 한다.

제8조 [전기 및 소방설비 기준]

① 설계 전기용량 외에는 용량을 임의로 증설할 수 없으며, 관리사무소와 협의 없이 임의로 변경 시에는 관리사무소에서 임의로 철거할 수 있다.

② 소방설비는 소방법규에 따라 적법하게 시공하여야 하며, 내부설비 변경 시에는 사전에 관리사무소의 승인을 얻어야 한다.

제9조 [배기덕트 및 청소 기준]

① 주방 배기덕트는 탈취유니트에 연결하고 홀 배기덕트는 밖으로 배출되도록 설치하여야 한다. 단, 건물 시설의 용량 초과 여부를 관리사무소에 확인, 협의하여 설치한다.

② 배기덕트가 오염된 경우 화재위험이 있으므로 즉시 청소하여야 한다.

③ 홀 배기덕트 설치 시 외부 그릴은 건물 미관을 고려하여 크기 및 디자인 등을 관리사무소와 협의 후 시행하여야 한다.

제10조 [금지 사항]

① 공유면적을 무단 점유하여 사용하는 행위(실외기, 공병박스, 테이블, 의자, 비닐천막, 빈 박스, 빈 화분 등)

② 공공질서 및 미풍양속이나 상도의를 문란하게 하는 행위

③ 공동시설물을 훼손하거나 개조하는 행위

④ 기타 관리(운영)위원회에서 금지하는 행위

제11조 [공개공지의 사용 불가]

① 공개공지는 건축법 제43조 4항(누구든지 공개공지 등에 물건을 쌓아 놓거나 출입을 차단하는 시설을 설치하는 등 공개공지 등의 활용을 저해하는 행위를 하여서는 아니된다)에 근거, 사용할 수 없다.

② 위반한 건축물은 즉시 철거 또는 원상 복구할 것을 관리사무소장이 서면 또는 구두로 통보하고, 철거, 원상복구 조치가 이루어지지 않으면 해당 소유자의 책임으로 관리사무소가 이를 즉시 철거해야 한다. 건축법 제43조 4항(신설) 위반사항으로 5천만 원 이하의 과태료 부과대상으로 유지관리 책임이 있는 관리사무소에서 강제 철거할 수 있다.

제12조 [소음 기준]

① 소음진동관리법 제21조에 따라 주민의 조용하고 평온한 생활환경을 유지하기 위해 사업장 및 인테리어공사장 그리고 층간소음 등에서 발생하는 소음 및 진동을 주간에는 65db 야간에는 60db 이하로 유지해야 한다.

② 층간소음 및 에어컨 실외기 등 법정 소음기준 이상일 기준소음 이하로 낮추기 위한 소음 원 주변의 장치 등을 보완하거나 이동시켜야 한다.

제13조 [제한 사항 및 이행제재금]

① 제4조와 제5조에 의해 허용되는 적치물은 1 상가 당 2개 이내의 배너광고만 허용할 수 있으며 색상과 크기, 재질, 위치는 통행과 미관, 화재위험을 고려하여 관리사무소의 동의를 받아야 한다.

② 제5조에 의해 허용되는 구조물은 관리사무소장이 관리(운영)위원회의 의결을 거쳐 승인 여부를 결정하여야 한다.

③ 본 제 규정 불이행시 관리사무소장은 이행제재금을 부과할 수 있으며 주차 정기권 제한 등 추가 조치를 할 수 있다.

④ 적치물 철거 불이행시 관리사무소장이 임의처분이 어려운 무단 적치물의 경우 점유자가 철거시까지 이행제재금으로 매월 5천 원/㎡을 관리비에 부과, 납부하여야 하며 소수점 이하 반올림하고 최소액은 1만 원으로 한다. 금액은 관리(운영)위원회 의결로 변경할 수 있다.

부 칙

제1조(효력) 본 규정은 20XX년 3월 관리단총회 의결 후 시행하기로 한다.

제2조(세부사항) 본 규정에 정하지 않은 세부사항은 관리(운영)위원회의 의결을 거쳐 시행한다.

　제3조(경과조치) 이 규칙 시행 이전에 공유부분에 설치된 구조물 또는 적치물은 이 규칙 시행일로부터 30일 이내에 관리사무소에 이를 신고하여 승인을 받아야 하며, 미신고시 미승인으로 간주하여 본 규정에 따라 처리한다. 단, 이행제재금은 계도기간을 거쳐 20XX. 7. 1.부터 시행하기로 한다.

　제4조(확약서) 모든 상가는 입점 시 확약서를 작성하여 관리사무소에 제출하여야 한다.

　이 규정의 핵심은 이행제재금 부과이다.

　통로에 적치물을 내놓는 입주민의 입장도 이해는 된다. 좁은 점포 내에 공병박스, 실외기를 들여 놓기 싫다. 그러나 230개 점포 중에 통로 등 외부에 실외기 등 적치물을 내놓고 있는 업체는 40여개뿐이다. 관리는 공정해야 한다.

　이행제재금의 목적은 공유부분의 적치물의 제거와 신규설치 금지이나 현재는 그 금액이 적어 실효성이 다소 떨어진다.

　그러나 제도의 정착이 우선이고 악화되는 속도도 줄고 있어 절반의 성공이다.

　향후 총회의사를 물어 강화할 필요도 있다.

(6)

기타 보완사항

표준규약 제32조에는 단지건물 소유자 등은 서면으로 자료의 열람을 청구하거나 등본의 발급을 청구할 수 있도록 되어 있다.

그런데 관리단의 자료가 외부 반출되어 악용의 소지나 다른 상업용으로 사용될 여지가 있다면 제한할 필요가 있으며, 소유자의 연락처 등 개인정보는 관련 법에 따라 유출할 수 없다. 제한규정이 필요하다.

집합건물 관리에 관리규약은 매우 중요하다.

저자도 관리인 선임 후 규약제정에 가장 많은 시간을 할애했으나 총회를 3개월 남겨놓고 시간에 쫓겼으며 관련 경험과 업무지식도 부족했다. 그러다 보니 규약에 미흡한 점이 눈에 띄는데 개정이 쉽지 않아 많이 아쉽다.

규약의 제정이나 개정은 소유자의 4분의 3 이상 의결을 얻어야 하는 만큼 쉽지 않다. 따라서 처음 만들 때 시간을 갖고 특히 각 지자체의 집합건물 관리가이드 등 사례를 참고하는 것이 좋겠다.

통로, 복도 등 공유부분 관리가 어렵다. 엄연히 공동소유 부분임에도 먼저 차지하는 사람이 임자라고 하던지 점포 인접 공유부분은 점포 사용자에게 당연한 권리가 있는 듯한 행위가 만연하고 있다. 이런 상황을 대비한 관리규정 등을 입주초기에 정해 놓지 않으면 시간이 갈수록 감당하기 어렵게 된다.

그러나 그 누가 알아서 대비를 하겠는가?

5

건물관리업자 선정 소동

용역비(인건비)가 공용관리비의 약 절반이다.

용역비는 건물관리업자(위탁관리회사) 선정 시 결정된다.

인수인계를 위해 적어도 1개월 전에는 관리업자선정이 끝나야 한다.

교체결정 후 인수인계가 순조로울지 걱정된다. 또 인수인계 기간 동안 건물관리 또한 큰 걱정거리다. 그러나 전쟁이다. 다소 어려움이 있어도 이겨내야 한다.

그리고 대부분 기우에 불과하다. 큰일 없이 인수인계 되고 관리업무는 돌아간다.

아무것도 하지 않으면 편하다. 그러나 고인물은 썩는다.

바꾸면 개선된다.

중요한 것은 공정하고 투명하며 원칙을 중시하는 관리회사를 찾는 것이다.

그런 공정하고 원칙적인 회사가 있을까?

(1)
건물관리업자 선정 입찰

● 입찰 준비

[법무부 집합건물 표준규약]

제38조(관리위탁계약의 체결) ① 제37조에 따라 단지관리단 사무를 위탁하기로 한 경우, 단지관리단은 위탁관리회사 등과 관리위탁계약을 체결하여야 한다.

② 제1항의 계약금액이 00원 이상인 경우 공개경쟁 입찰의 절차 및 방식에 따라 관리위탁계약을 체결하여야 한다.

[참고] 공개경쟁 입찰로 계약을 체결하여야 하는 계약금액은 건물의 용도, 규모 등 구체적 사정을 고려하여 결정하여야 한다.

[주택관리업자 및 사업자 선정지침]

제13조(적격심사제 운영) ① 적격심사제로 주택관리업자 및 사업자를 선정하는 경우에는 평가주체를 다음 각 호와 같이 구성한다.

[별표 7]에 따라 관리주체가 계약자인 경우에는 관리주체와 관리주체가 선정한 평가위원(단, 당해 공동주택 입주자 등으로 한정하

며, 입주자대표회의 구성원 이외의 입주자 등 1명 이상을 포함하여야
함), 다만 해당 공동주택을 관리중인 주택관리업자의 소속으로 배치
된 관리사무소장은 평가위원에서 제외(그 밖에 평가집행에 관한 업무
수행은 가능)하여야 하고, 위의 경우 입주자대표회의가 선정한 입주
민이 평가 주체가 된다.

② 제1항에 따라 구성된 평가주체 중 5인 이상이 적격심사 평가에
참여한 경우에 한하여 평가결과를 유효한 것으로 인정하고… 중략

③ 입주자대표회의 또는 관리주체가 적격심사제를 운영할 때에는
회의록을 작성하여 보관(평가표를 포함한다)… 중략

● 20XX년 건물관리업자 선정 입찰

건물관리계약 만료일(20XX. 8. 31.)이 도래하고 있어 관리회사
교체 및 재선정을 위해 6월부터 준비하기 시작했다.

최소 5명의 평가위원이 있어야 한다. 5명의 평가위원을 섭외하고
관리위원회를 열어 위촉하였다.

국토교통부 건물관리업자 선정 기준을 충실하게 따르되 안정적인
관리가 될 수 있도록 관리능력과 경력이 있는 회사를 선정해야 한다.

제한경쟁입찰 및 적격심사제로 하는데 관건은 '제한경쟁'의 제한 내
용이다.

관리업체 선정 관련된 분쟁사례를 듣고 있던 터라 조심스럽다. 기준을
잡고자 과거 집합건물 입찰사례를 수집하고 공고문을 분석했다. 경쟁입
찰이지만 자격 제한을 과도하게 한 불공정한 내용이 눈에 많이 띈다.

기존 관리업체(A사)도 발등에 불이 떨어졌다. 책임자가 입찰조건과 적격심사기준을 만들어 가져왔다.

2023. 12. 31.에 없어지는 '시설물유지관리업' 자격이 있어야 하고, 50,000㎡ 이상 건물을 5개 이상 관리한 실적이 있어야 하며, 자본금은 10억 이상 되어야 한다는 것이다. 이를 입찰조건에 반영해 달라는 것이다. 그렇게만 하면 자신 있다는 것이다. 그게 무슨 입찰인가?

제한경쟁은 건물 규모에 따라 입찰 참여 기준을 정할 수 있는데 과도한 제한은 할 수 없다. 자본금은 건물규모를 감안하여 5억 이상으로 정하였다.

또 하나 난제가 있어 적지 않은 시간을 고민했다. 적격심사에서 가격 점수는 30점이다.

문제는 30점의 변별력이다. 과거 집합건물 입찰사례를 보면 대부분 가격 1위 30점, 2위 27점, 3위 24점, 4위 21점.

가격에서 약간의 차이로 3점 차이도 문제지만 많은 차이가 있어도 2등이면 3점 차이밖에 나지 않는 것도 문제가 있다.

결국 입찰가격 차이 비율만큼 점수에도 반영하기로 하고 평가표를 만들던 중 경기도 공동주택관리규약 준칙 적격심사제 심사평가표를 발견하고 적용하기로 하였다.

가격에서 5%면 작은 차이가 아니다.

그런데 가격 점수 30점의 5%는 1.5점에 불과하다. 가격 5% 차이는 다른 평가지표 대비 5점 차이가 적정한 듯하나 어떻게 반영할 지 고심하던 중 경기도 준칙을 발견했다.

경기도 준칙에서는 가중치를 도입했다. 즉 가중치를 1~5까지 줄 수 있도록 해서 가격 점수 비중을 조정했다. 30점×5%(가격차이)× 3(가중치)=4.5점

즉, 입찰가격 점수는 1순위(최저가) 업체를 30점으로 하고, 최저가 대비 아래와 같이 배점점수를 산정하여 적용한다.

배점점수 = {30−(30×(가중치=3)×가격차이 비율)}

※ 가중치는 1~5 중 정할 수 있는데 3으로 하였다.

가중치는 행정처분 및 과태료 건수 항목과 비교했다.

행정처분(과태료) 건수가 10,000세대당 1건 이하면 15점 만점이다. 2건이면 10점으로 1위에 비해 5점 차이가 난다.

1건 차이로 5점이라면 가격 가중치는 3 이상이어야 한다.

7월 7일 관리위원회를 열어 적격심사 세부기준(안)과 입찰 공고(안) 을 결정했다.

● 실수, 후회

한 달 이상을 준비하고 심사숙고하였으나 간과하고 실수한 것이 기술인력 평가 부분이다.

굳이 변별력이 있어야 한다고 생각하고 많이 보유한 순서대로 배점 기준을 정했는데 공고 후 바로 후회하기 시작했다. 이때 걱정한 내용 은 입찰에 너무 많이 참여했을 경우 이로 인해 쓸데없이 지나치게 많 은 차이가 생길 수 있다는 점이다.

입찰에 3개 업체만 참여한 것이 얼마나 다행이었던지.

그러나 실제로는 이로 인해 엉뚱하게 사건이 전개되었고 결국 파행으로 많은 곤욕을 치르고 말았다.

입찰 업체들의 기술인력 보유자 수가 보통 50여 명씩 되는 데다 자격증 확인하고 자격증별로 기능사 1인, 산업기사 1.25인, 기사 1.5인, 기능장 1.75인, 기술사 2인으로 일일이 계산해야 하며 보험 가입 서류로 근무 여부 및 기간까지 확인해야 하니 상당한 시간이 소요되었다. 경기도준칙대로 10명 이상 만점으로 한다고 했으면 모두 만점인 것을 매우 어렵게 만들었던 것이다.

● 입찰 공고 및 개찰

7. 11. 제한경쟁 입찰공고를 거쳐 7. 25. 마감, 개찰하니 3개 업체가 참여했다.

참여업체 수가 예상보다 적어 당황스럽기도 했으나 한편 제한경쟁입찰의 성립조건인 3개사가 참여하여 다행이라 생각했다.

업무를 분담하여 적격심사평가를 시작하였으나 업체별 제출서류가 20여 가지에 첨부자료가 많았고 평가기준을 어렵게 만들기도 하여 평가위원들이 애쓴다.

개찰 후 2시간 지나 가까스로 1차 평가를 마쳤으며 여기서는 근소한 차이로 A사가 앞선다. A사는 기존 관리업체다.

마지막 사업제안 PT(프레젠테이션)를 실시하였는데 3개사 중 2개사만 참여하였고 PT에서 월등히 잘한 B사로 의견이 모아졌다.

최종 평가위원회에서 만장일치로 B사를 선정하였다.

잘 마무리했다고 생각했다.

약 1주일간 B사와 계약서 세부 협의를 하고 계약을 하루 앞두고 8월 1일 역전당한 A사 책임자가 찾아왔다. 평가표가 잘못되었으니 재심사하라는 것이다.

원래 입찰서류 제출 시 입찰 결과에 대해 어떤 이의제기도 하지 않기로 하는 각서를 제출했는데도 따지러 온 것이다.

그래 뭐가 잘못됐느냐 했더니 핸드폰으로 찍은 평가표와 서초구청 공동주택관리실적 확인서를 내민다.

사진 평가표 그 자체가 불법 유출이라 어이가 없지만 확인해 보기로 했다.

사실 A사의 과태료 처분 건수가 1년 동안 13건이나 되어 평가 당시 0점 처리해야 하는 것 아니냐 하기도 했으나 평가 기준은 다르다.

즉 10,000세대당 과태료가 몇 건이냐 다. 1건 이하이면 만점 즉 15점이고 2~3건은 10점이다.

A사는 집합건물을 55,000세대 관리하면서 연간 13건의 과태료 처분을 받았으니 10,000세대당 2.36건으로 15점에서 5점 감점이다. 그렇게 계산되었고 그 차이로 B사가 낙찰된 것이었다.

그런데 1장짜리 구청에서 발급한 공동주택 관리실적이 182,000세대이다. 그것만으로 이미 10,000세대당 0.7건으로 1건을 미만이니 나머지 실적은 더할 필요도 없었던 것이다. 만점 15점이었다. 그 확인서를 못 본 것이다.

시간이 없어 평가위원의 계산을 믿고 가자고 했던 것이 문제가 되고 말았다.

비상이다. 도와줄 사람도 없다. 관리소장은 이미 기존 관리업체인 A사 직원일 뿐이다. 시간도 없다. 빨리 졸론을 내지 않으면 엉망진창이 될 것이다.

A사는 당연히 자신들이 낙찰되어야 한다고 주장한다.

그러나 또 다른 오류가 있을 수 있는 만큼 결정을 보류하고 나머지 서류에 대해 전수조사를 진행했다.

누구를 부를 수도 없고 평가표를 유출한 관리소장도 더 이상 믿을 수 없다.

필자가 저녁 늦게까지 서류를 재검토하면서 다음 날로 긴급 평가위원회를 소집하였다.

밤 늦게까지 검토한 결과 입찰에 참여한 3개 업체 중 2개 업체의 서류가 '주택관리업자 선정지침' 제6조 입찰의 무효 [별표3]의 '중요한 공고내용 위반'에 해당되었다.

평가 당시에는 부실한 서류에 대해 무효로 인식을 못하고 감점 내지 0점처리 했던 것이다.

다음날 오전 관리업자로 선정된 B사 책임자가 찾아와 법적 검토를 했다면서 미리 업체마다 받아 놓은 입찰 각서도 있는 만큼 걱정하지 말라고 한다.

　필자의 걱정은 입찰 불복과 그에 따른 인수인계 비협조라고 하니 그
것도 B사 본인들 업무이니 걱정하지 말라고 한다.

　관리위원 한 분도 일찍 나와 거든다. 소송까지 하겠다고 문서를 보
내 걱정이라고 했더니 걱정말라며 대책을 세우자고 한다. 그 또한 사
업제안 PT에서 B사가 마음에 들었으며 기존 관리업체 A사는 바꿔야
한다는 것이다.

　본건 대책으로 B사 책임자는 입찰가격을 변경하겠다고 한다. 즉 자
신들의 입찰가격을 낮춰 평가점수를 높이겠다는 것이다. 다른 이도
그렇게 하자고 한다. 누가 알겠느냐 한다. 관리인이 배짱이 없어 걱
정이 많겠지만 이런 것은 그렇게 밀어붙여도 된다는 것이다.

　그러나 분명하게 얘기했다. 이런 일일수록 정직하게 정공법으로 대처
해야 한다. 시간이 부족하지만 무효 처리하고 재입찰로 하자. 단, 입찰
무효에 대한 전문 변호사의 의견을 들어 보고 또 A사가 재입찰에 참여
하지 않고 업무인수인계에 협조하지 않을 경우의 대책이 있어야 한다.

　3개사 중 2개사가 무효이니 제한경쟁입찰의 성립요건인 '유효한 3
개사의 입찰참여'라는 조건이 충족될 수 없게 되어 입찰 자체가 무효
인 것이다.

　B사가 알려준 전문 변호사와 전화로 연결되었는데 무효인 것 같다

라는 다소 애매한 말만 한다.

그렇지만 아무리 봐도 입찰 무효이다. 마음을 굳게 먹고 당일 바로 평가위원회를 다시 소집하고 입찰 무효를 선언하였으며 재입찰 추진 일정을 확정, 다음 날 재입찰을 공고하였다.

1차 입찰 참여 3개 업체에도 입찰 무효 및 재입찰을 통보하였다.

A사는 입찰 무효를 인정할 수 없고 자신들에게 낙찰 권한이 있다며 소송 불사를 거듭 주장하였다. 반면 1차에서 터무니없는 가격으로 들러리가 의심되었던 C사가 2번씩이나 관리사무소를 방문하는 등 적극적인 참여 의사를 보였는데 정작 입찰 마감일에는 B사만 참여하여 또 입찰 무효가 되었다.

1차, 2차 입찰이 무효로 됨에 따라 평가위원회에서 수의계약 대상 업체로 1, 2차 입찰에 적극 참여한 B사를 선정하였다.

2차 입찰이 무산되자마자 A사 책임자가 평가위원회 회의실에 나타나 '자신들과 수의계약 해야 되는 것은 알고 있느냐'면서 기존 관리회사인 자신들에게 우선권이 있다고 한다. 그냥 우기면 되는 줄 안다. 건물관리회사 임원의 터무니없는 주장에 어이가 없었고 '수의계약 하고 싶으면 제안을 새로 해 봐라' 했더니 '관리단에서 요구하면 수용 가능한 범위에서 다 들어주겠다' 고 하여 '그럼 소송 운운한 것은 이제 취소된 것이냐' 했더니 '아니다. 자신들과 계약하지 않으면 소송할 수도 있다' 하며 협박한다.

한편 협박하면서 한편으로는 뽑아 달라고 하는 것은 시정잡배나 하는 짓이다. 여기서 그게 통하겠느냐, 제안서 평가는 0점을 주고 싶었는데도 할 수 없이 6점이나 줬다면서 '먼저 직원 협박해서 평가표 사진 찍어 유출한 것부터 사과하라'고 하며 다들 한마디씩 성토하였다.

평가위원들의 성토에 A사 책임자는 슬금슬금 꽁무니를 빼고 말았다.

참으로 아이러니컬한 것이 그동안 건물을 관리한 기존업체 A회사에 대한 큰 불만은 없었으며 관리 한지 5년이나 됐기 때문에 분위기 쇄신 차원에서 입찰에 부친 것으로 1차 입찰 점수 계산이 제대로 되었으면 아무리 프레젠테이션을 잘못해도 A사로 낙찰되었을 것이다.

젊은 관리소장(A사 소속)을 보조 참여시켰는데 우왕좌왕 아무런 도움도 안되고 정보유출로 결과적으로 A사의 탈락에 일조한 결과가 되었으며, A사도 정상적으로 입찰에 참여하고 초심으로 접근했으면 낙찰됐을 것이다. 그런데 관리회사를 바꾸면 직원들도 비협조적으로 되어 건물관리에 어려움이 있을 것이라는 등 협박이나 하였으며 관리소장을 통해 입찰 현장 정보를 편법 입수하여 점수가 높다는 것을 알고는 오만한 프레젠테이션으로 점수를 크게 잃었던 것이다.

재 입찰 과정에서도 성심성의껏 하여 만회할 생각은 하지 않고 소송 운운하며 협박으로 일관하였는데 그에 굴복할 사람이 어디 있겠는가? 참으로 어이없는 행태다.

B사도 제출서류 무효 2개사 중 하나였다. 따라서 A사로 번복 결정해도 B사는 할 말이 없었다.

그런데 B사는 겸손했고 A사는 오만했다.

그 후 A사는 소송하겠다는 문서를 또 보냈지만 개의치 않고 인수회사 중심으로 새 조직을 구성하는 등 차질없이 업무를 진행하였다. 그렇게 요란하게 항의하던 A사는 계약 만료일 아무 일 없었다는 듯 관리사무소를 방문해서 인수인계서에 날인하고 관리실적 증명서를 받아가는 등 이상 없이 마무리되었다.

문제가 될 소지가 없었던 것이다.

이의제기 후 평가 오류를 확인하고 잠시 화도 나고 걱정도 되었다. 그러나 A사의 소송 협박과 B사의 편법의 유혹에도 꿋꿋하게 관련 법과 지침대로 입찰 무효선언과 2차 입찰을 선택하였는데 정공법을 쓰면 언제나 마음도 편하고 결과도 좋다는 것을 다시 한번 확인하였다.

그러나 2년 뒤 B사 또한 결과가 좋지 않았다. 꼼수 편법운용으로 신뢰를 잃어 계약 연장에 실패한 것이다.

누구도 믿을 수 없는 전쟁터다. 당초 B사 제안대로 쉽게 입찰가격을 변경하여 처리했더라면 나중에는 그들에게 약점이 되었을지도 모르는 일이다.

● 2년 후 20XX년에도 건물관리업자 선정 입찰이 있었다.

지난 번의 경험이 있어서 제한조건을 크게 완화하였으며 평가표를 단순화하였고 특히 가격 가중치를 5로 하여 가격에 의해 결정되도록 하였다.

공고문 참조

(2)
입찰 관련 규정 및 공고 사례

건물관리업자 선정에 대하여 집합건물법에 정해진 것은 없다. 다만 관리행위로 관리단집회 결의 사항이다(법제25조 1의2항)

선정 방법은 규약에서 정한 방법대로 하면 된다.

≪입찰 최소 일정≫

유효한 입찰이 되기 위해서는 다음 예시와 같이 최소한의 일정과 마감 시간을 지켜야 한다.

▶ 입찰공고(9/1) – 5일(9/2~9/6) – 1일 현장설명회(9/7) – 5일 (9/8~9/12) – 입찰마감(9/13 17:00) – 개찰(9/13 18:00)

현장설명회 생략 시

▶ 입찰공고(9/1) – 10일(9/2~9/11) – 입찰 마감(9/12 17:00) – 개찰(9/13 18:00)

입찰 마감일이 공휴일인 경우, 1일 순연할 수 있으며, 마감일을 하

루 당길 수는 없어도 늦출 수는 있는데 늦출 때는 마감 시간을 편리한 대로 13:00 등으로 정할 수 있다

≪입찰공고-사례≫

00타워 건물관리업자 선정 입찰공고

1. 관리대상

가. 건 물 명: 0000타워 집합건물

나. 소 재 지: 00시

다. 건물규모: 지하5층, 지상18층(오피스텔; 300호, 상가; 200호)

라. 건물 연면적: 90,000m²(사용승인일 0000년 00월)

마. 전기용량: 수전용량 6,000KW, 발전기1,000KW, 태양광 100KW,

바. 승강기 10대, 에스컬레이터 8대

사. 관리인원: 총 00명(변경제안 가능)

(1)관리부문: 3명(소장1, 경리대리1, 서무주임1)

(2)시설부문: 5명(과장1, 격일근무4 – 휴게시간; 주간 2시간 야간 4시간)

(3)보안부문: 3명(격일근무 2 – 휴게시간: 주간 3시간 45분, 야간 4시간)

(4)미화부문: 9명 (반장1, 남자3, 여자5),

평일: 08:00~15:30, 휴게시간; 1시간 30분

토, 일: 오전 3인 순번 근무

※ 안전관리자 선임: 전기(주1+보조1), 소방(주1+보조5), 기계

(주 특급1+보조1), 승강기1, 건축물(수도)1, 실내 공기 질1.

2. 계약기간: 20XX년 9월 1일 ~ 20XX년 8월 31일(24개월)

3. 입찰의 종류: 제한경쟁입찰/적격심사제

4. 입찰참가 자격(입찰공고일 현재기준)

가. 주택관리업자 및 사업자 선정지침 제18조(참가자격의 제한) ①항 각호에 해당되지 않는 업체

나. 법인설립 5년 이상으로 자본금 3억 원 이상인 업체

다. 최근 3년간 연면적 50,000m² 이상 규모의 오피스텔 또는 주상복합건물 1개 단지 이상의 관리실적 보유

라. 경비업, 위생관리업 등록 및 허가증 보유 업체

5. 제출서류(사본의 경우 원본 대조 필 날인할 것)

가. 입찰서 1부(①산출내역서-첨부양식, ②입찰보증금(또는 보증서))

나. 주택관리업 등록증 사본 및 등록말소 또는 영업 정지 중이 아니라는 서류

다. 사업자등록증 사본 1부

라. 법인등기사항 증명서, 법인인감증명서 각 1부, 사용인감계(필요시), 위임장(위임 시)

마. 국세 및 지방세 완납증명서 원본 1부(전자발급 포함)

바. 최근 1년간 공정거래위원회에서 입찰담합에 따른 과징금 처분 확인서류

사. 적격심사신청 및 각서 1부(별지 제6호 서식)

아. 적격심사 자기평가표 1부(별지 제7호 서식)

①기업신용평가등급 확인서(유효기간 이내)

②행정처분(과태료 포함)확인서(입찰공고일 전일기준 최근 1년간)

③기술인력 보유현황 보고서(자격증 및 4대보험 가입 확인서)

④장비보유현황(제출서류 마감일 현재 보유장비)

⑤건물(주택) 관리 실적증명서 및 집계표 (별지8호) 및 (별지9호)

⑥사업제안서(관리계획, 인원계획 특히 결원 시 대책 명기할 것)

※ 입찰서, 산출내역서 및 입찰보증금(입찰가격의 5% 이상 보증증권 등)은 별도 제출

※ 제출서류는 순서대로 철하여 제출할 것, 기타 적격심사 서류 미제출 시 해당 항목 점수는 0점 처리함.

6. 입찰서류 제출기간 및 개찰 일시

가. 현장 설명회 일시: 2025년 7월 16일(수) 14:00 – 지하4층 관리사무소(불참자 입찰 불가)

나. 접수 마감 일시: 20XX년 0월 22일(화) 17:00까지. 관리사무소에 마감 시간내 도착 분

다. 개찰 일시 및 장소: 20XX년 0월 23일(수) 10:00~, 당 건물 회의실

라. 적격심사 후 상위 3개 업체 대상 사업제안 설명회(PT) 통지(14시~)

마. 사업제안 설명회(PT)실시: 개찰 당일 0월 25일(화) 14:00 ~ 평가 소요시간에 따라 시간이 변경될 수 있음. 회의실에서 각 10~15분씩 실시

바. 최종평가 및 낙찰자 선정통보: 20XX년 0월 25일(화) 17:00
~18:00

단, 관리단의 일정에 따라 변경될 수 있음

7. 낙찰자 결정방법

가. 참가자격에 결격사유가 없고 제출서류에 하자가 없는 업체 중
에서 업무 관리능력, 입찰가격 등을 적격심사 평가하고 상위 3개 업
체의 사업제안 P/T후 최고점을 받은 자를 최종 선정함.

최고점을 받은 자가 2인 이상일 경우 그중 최저가 기준으로 낙찰자
를 결정하고 최저가격도 동일할 경우 추첨에 의해 결정함.

나. 국토교통부 주택관리업자 및 사업자 선정지침 제6조(입찰의
무효) 제①항 관련 별표3에 해당되는 하자 있는 입찰의 경우의 입찰
은 무효로 한다

8. 기타사항

가. 입찰 무효가 된 경우 당해 입찰자에게는 7일 이내에 전화, 문
자, 팩스 등의 방법으로 그 사유를 통보하기로 한다.

나. 제출된 서류는 일체 반환하지 않으며, 제출서류에 허위사실이
있을 경우에는 무효로 하고 낙찰 및 계약 체결 이후에 발견되어도 무
효로 하며 이 경우 계약이행보증금은 당 관리단으로 귀속된다.

다. 낙찰통보 후 10일 이내에 낙찰된 건물관리업자가 응찰 시 제
출한 입찰내역 및 사업제안에 부합하는 계약을 체결하지 않을 경우는
낙찰을 무효로 하고 입찰보증금은 당 관리단으로 귀속된다.

라. 낙찰된 업체는 사업제안 내용에 따라 제반 계약 내용을 관리단과 협의하여 작성하고 계약이행보증서(연간용역비 10%)를 첨부하여야 하며 계약 체결 후 1개월 이내에 근무할 직원들의 4대보험 가입확인서를 제출하여야 한다.

마. 입찰공고 제반 내용에 대한 해석과 명기되지 아니한 사항은 관리단의 결정에 따르고 참여업체는 선정 결과에 어떠한 이의도 제기할 수 없다.

바. 타사 비방 또는 유언비어나 유인물을 배포하여 소유자 및 입주민을 혼란케 하는 행위를 절대 금하며, 담합도 금한다. 만약 이를 발견할 경우 해당 업체의 낙찰 후라도 계약을 취소한다.

사. 기타 문의 사항은 당 건물 관리사무소로 문의(☎ 02-000-0000)

20XX년 X월 10일

00타워 관리단

[적격심사 첨부서류 및 세부 산출방법]

▶ 입찰가격

용역 인원수를 줄여 입찰 가를 낮게 제시할 경우 단순 가격만 평가하지 않고 사업제안서를 감안하여 평가위원회에서 가감 환산 평가할 수 있다.

- 입찰가격을 다음 산식에 의하여 산출된 평점 적용

평점 = 30 − {30 × (가중치=5) × $\dfrac{(입찰가격 - 최저가격)}{(최저가격)}$ }

- 가중치는 5로 함.
- 해당 계산 결과 소수점 이하는 소수점 둘째 자리에서 반올림

▶ 행정처분 건수 → 행정처분 확인서 제출
- 법 제53조에 따른 행정처분(과징금 포함)과 법 제102조에 따른 과태료를 의미한다.
- 해당 법령에 따른 처분권자가 발급(위탁발급 포함)한 입찰공고일 전일기준으로
최근 1년간 행정처분 건수를 말한다.
- 주택관리업자 등록 시·군·구에서 발급한 입찰공고일 현재의 관리실적증명서의 관리세대수와 최근 1년간 집합건물 관리실적을 기준으로 행정처분 건수는 세대수 비율에 따라 적용한다.
▷ 실제 행정처분 건수 × (10,000세대/관리 세대수) = 심사기준에 적용할 행정처분 건수

▶ 기술자 보유 → 기술인력 보유 증명서 제출
- 건축, 전기, 전기공사, 가스, 열관리, 에너지관리, 정보처리, 소방, 토목, 조경, 위험물, 산업안전기사 등《국가기술자격법》상의 자격취득자, 《건설기술진흥법》상의 건설기술자, 《정보통신공사업법》등 관계 법령에 의한 기술자로 기능사, 기능장도 포함하며 다음의 산정기준에 따른다. 주택관리사는 1인으로 함.

국가기술자격자	기능사	산업기사	기사	기능장	기술사 건축사
학·경력 기술자	--	초급	중급	고급	특급
산정기준	1인	1.25인	1.5인	1.75인	2인

- 기술자 보유 수 산정 시 한 사람이 여러 개의 기술자격을 보유한 경우에는 가장 유리한 1개의 자격만 인정한다.
- 기술자 보유는 입찰공고일 현재 해당 기술자가 해당 업체에서 최근 1개월 이상 근무하고 있는 경우 인정하며, 자격증 사본과 4대보험 중 1개에 가입한 증빙 자료를 제출하여 입증하여야 한다.
- 상기 각 분야 기술자 10명 이상 보유한 업체는 10점이며 1위 제외 후 많이 보유한 순으로 남은 응찰자 수의 20%, 40%, 20%, 20%. 소수점 아래는 다음 순위로 넘겨 계산한다.

▶ 장비 보유 → 장비구입 영수증 또는 장비임대확인서 등 제출
- 양수기, 에어콤프레샤, 절연저항계, 누수탐지기, 소음측정기, 제초기, 열풍기, 하수도청소기, 가스측정기, 콘크리트 균열폭 측정기, 송풍기, 엔진 톱, 전기용접기, 특고압 검진기, 디지털 온도계 중 10종 이상 보유한 경우에는 10점으로 한다.

▶ 관리실적 → 건물(주택) 관리실적 증명서
- 50,000㎡ 이상 오피스텔, 또는 주상복합건물 1개 단지를 포함하여야 하며 5개 단지 이상 10점임.
- 입찰공고일 현재로부터 5년 이내 완료된 실적으로 하되, 건물(주택) [별지7] '관리실적증명서' 및 [별지8] '집합건물 및 공동

주택 관리실적집계표'에 따라 평가한다(용역이행 도중 해당 주택관리업자의 귀책이 아닌 사유로 계약이 종료되는 경우에도 증빙이 가능한 범위 내에서 실적으로 인정).

– 공공기관 발행 분 이외의 이행실적은 원본 또는 사본(원본 대조필) 당해 용역의 계약서, 세금계산서, 거래명세표 등의 이행실적을 증명하는 서류를 첨부한 경우에 실적이 인정되며, 이 경우에는 공급받는 자의 인감증명을 첨부한 거래사실 확인서를 첨부하여야 한다. 적격심사대상자가 입증 책임을 다하지 아니하여 이행실적 확인이 어려운 경우에는 실적에서 제외한다.

▶ 사업제안서(사업계획의 적합성과 협력업체 상생발전지수)

건물 특성에 맞는 세부계획, 인원관리 세부계획 특히 결원 시 충원계획 및 그를 담보할 대책으로 업무공백 시 직, 간접 인의 정산계획을 포함하여야 한다.

(3)
입찰공고 시 고려사항

① 업체 신뢰도 = 자본금??

기업신뢰도 평가는 외부 신용평가회사 자료를 반영하는 데 변별력이 작다.

보완 방법으로 통상 자본금 규모와 업력을 잣대로 입찰 참여를 제한하고 있다.

업력은 5년 이상이고 일정 규모 이상 5개 단지 관리실적이 있다면 지나친 제한은 아닐 것이다.

그런데 자본금 규모를 얼마로 해야 하나?

주택관리업자 설립 자본금은 2억이다. 10억 이상이면 10위 이내일 것이다. 상위 그룹은 통하는 것이 있다. 그렇다는 것은 담합 가능성도 있고 바라는 경쟁입찰은 어려울 것이다. 5억으로 제한해도 업체 참여도가 낮다. 2023년도에는 5억으로 했더니 참여업체가 3개사에 불과하고 그중 2개사가 공고기준을 충족하지 못해 유찰되었다.

2025년 입찰에 자본금 규모를 3억 원 이상으로 했더니 10개사가 현장설명회에 참석했고 최종 5개사가 참여했다. 흥행이 된 것이다.

② 퇴직금 적립 및 지급

관리사무소 직원들은 이동이 잦다. 그러다 보니 앞서 설명했듯이 용역비에 포함된 퇴직적립금에서 잉여금이 발생한다.

관리단에서 퇴직적립금을 적립하고 관리할 필요가 있다.

입찰조건으로 공고하지않으면 낙찰자와 합의가 어려울 수 있다.

③ 용역비 반환조건

관리사무소는 직원의 결원과 충원이 반복되고 있다. 문제는 즉시 충원되지 않고 공백 기간이 길어지는 것이다. 직원의 공백은 관리소 업무의 공백이다. 더구나 인수인계과정에서 후임자에게 교육하는 시간적 낭비도 적지 않다. 그것을 예방하기 위해서라도 용역비 정산이 필요하다.

그뿐만 아니라 미지급 4대 보험료도 회수해야 한다.

입찰공고에 이런 내용을 포함하거나 제안서에 포함하도록 할 필요가 있다. 이 또한 입찰 후에는 합의가 어려울 수 있다.

④ 가격평가

가중치를 얼마로 하나

가격 차이를 백분율로 계산하여 가격점수 30점에 반영하면 변별력이 떨어지므로 그 비중을 높일 배수를 뜻한다. 즉, 가격에서 5% 차이면 매우 큰 차이임에도 가격 점수 30점에 5%를 적용하면 1.5점에 불과하므로 이를 조정할 필요가 있는 것이다. 가격 차이를 평가점수에 얼마만큼 반영할까? 이를 3으로 하면 아쉽고 5로 하면 다른 항목보다 가격으로 결정될 가능성이 크다.

덤핑 입찰이 걱정되기도 한다.

그러나 관리업체가 덤핑입찰로 얻을 이익이 무엇일까?

사업을 그만둔다면 몰라도 어려운 일이다. 관련 법도 있고 지나친 기우일 것이다.

가중치를 지난 2023년도에는 '3'으로 했는데 2025년도에는 공고 전일까지 고심 끝에 관리위원회 의견을 반영하여 '5'로 하였다. 그 효과는 크다.

⑤ 기타

공고내용을 보듯 첨부서류가 20가지나 된다.

특히 아래 서류는 확인해야 할 자료가 많아 시간이 많이 소요된다.

1. 기술인력 보유현황 보고서(자격증 및 4대보험 가입 확인서)

2. 장비보유현황(제출서류 마감일 현재 보유장비 구입 영수증, 장비임대 확인서)

국토교통부 주택관리업자 선정지침에 따른 적격심사제 표준평가표를 반영하되 기술자, 장비 보유는 단지 특성에 따라 제시한 사항을 어

느 정도 확보하면 만점(10점)을 주도록 하여 심사기준을 단순화할 필
요가 있다.

변별력이 있어야 하겠지만 장비나 기술자나 어느 정도 확보되면 장
비 하나 또는 기술자 한 사람 더 있으나 없으나 차이가 없는 만큼 일
일이 계산한다고 고생할 필요 없다.

실제로 관리 현장에서 시설에 문제가 발생해도 본사에서 기술자나
장비 지원은 거의 없다. 현장에서 가까운 수리업자에게 전화할 것이
기 때문이다.

[관리회사 변경 시 인수인계 대상]

다음의 서류를 인계 인수하여야 한다.

- 설계도서, 장비의 명세, 수선계획 및 안전관리계획
- 관리비, 사용료, 이용료의 부과, 징수현황 및 이에 관한 회계서류
- 수선적립금의 적립현황
- 관리비예치금의 명세
- 전유부분을 입주자의 입주일, 연락처에 관한 정보
- 관리규약과 그 밖에 공동주택의 관리업무에 필요한 사항
- 시설현황 주요 시설물 기록일지 목록

집합건물 관리에서 관리업체가 매우 중요하다.

정직하고 공정하며 법과 규정을 잘 알고 잘 지키는 사람들인가?

잘 모르겠다면 꼼수와 편법을 주의해야 한다.

[악성 꼼수 입찰 주의]

입찰업체의 꼼수를 주의해야 한다.

즉 입찰가격에 연차수당을 제로로 하고 국민연금을 제로로 하여 제출한다.

그만큼 입찰가격을 낮게 하였으니 낙찰가능성을 높인 것이다.

그러나 입찰가격에서 연차나 국민연금을 제로로 했다 해서 그 비용이 없어지는 것이 아니다. 관리단에서는 용역비 외에 연차수당과 국민연금을 별도로 지급해야 하는 것이다. 악성 꼼수인 것이다.

때로는 인원을 줄여 제출하기도 한다. 입찰공고대로 하지 않았으니 무효 처리할 수도 있다.

그러나 짧은 입찰 평가시간에 가격만 단순 비교하다 보면 놓칠 수 있는 부분이다.

정직하고 투명하고 공정한 관리업체는 어디 있는가?

[건물 관리업자의 민 낯, 의도적 인원 공백]

20XX년 8월 입찰 프레젠테이션에서 좋은 인상으로 역전, 선정된 B사는 이해할 수 없는 인원운용으로 20XX년 8월 계약 만료일에 재계약에 실패했다.

건물관리업체들의 업무 행태에 대한 이해를 돕기 위해 자세히 쓰다 보니 다소 장황하다.

● 20XX년 12월 어느 날 관리소장이 연차휴가를 써야 한다고 한다.

가뜩이나 과장과 시설직원의 공석으로 관리소의 일이 많은데 어이가 없다.

관리소장은 관리회사 본사의 방침으로 독촉하는 전화가 왔다며 은근히 불만을 얘기한다. 즉, 회사 근로계약서에 휴가를 가지 않아도 연차수당을 주지 않는다는 특약을 넣었다는 것이다.

근로계약서와 연차사용 대장을 가져오라고 했다.

[근로계약서] 일부 발췌

제6조(연차휴가와 대체 및 연차사용촉진제도)

1.'갑'(회사)의 취업규칙에 의거한 연차사용촉진에도 불구하고 해당 회계년도 연말기준 미사용 연차가 있을 때에 '을'은 그에 대한 연차수

당을 청구할 수 없다.

관리업체에 전화를 걸어 연말 연초를 지나 20XX년 1월 중순 보자고 했다.

1. 24. 면담 약속일이다. 아침에 관리소장이 오더니 그동안 밀린 연차수당 4백여만 원을 다 받았다는 것이다.

본사에서 관리인이 연차사용 대장을 검토하고 있다는 말을 듣고 미리 조치한 것이다. 어차피 줘야 할 돈인계 싫은 소리까지 들을 수는 없었을 것이다.

관리단이 관리회사에 주는 용역비에는 연차수당 해당금액이 포함되어 있는데 그것을 아끼려고 한 것이다.

그날 면담은 신년 인사회로 화기애애하게 끝났다.

● 20XX. 4. 10. 본사 팀장이 방문하여 공석이던 시설과장을 새로 뽑으면서 급여를 더 준다고 한다. 의아해하니 과장이 오래 근무하지 않고 금방 그만두는 이유가 급여 문제인 듯하여 회사 자금으로 더 주는 것으로 계약했다는 것이다.

한편으로는 고맙지만 뭔가 이상하다.

건물관리회사가 어떻게 자기 돈으로 현장 관리사무소 직원 월급을 더 준다는 말인가?

부처님이 배고픈 짐승에게 자기 살을 잘라 주었다는 말은 들었지만 관리회사가 스스로 희생하여 관리 현장을 살린다는 말을 믿을 수 있겠는가?

그 전부터 따지고 싶은 것이 있었다.

일주일 후 관리업체와 계약 후 1년 6개월 동안의 직원 출결 상황을 따져 봤다.

다음은 건물관리회사와 계약 후 직원의 공백 일수다.

[시설과장] 공백 기간 총 134일

20XX. 9. 1. ~ 49일, 8일

20XX. 3. 22. ~ 5일, 9. 2. ~ 22일, 10. 1. ~ 7일, 11. 17. ~ 13일 11. 26. ~ 5일

20XX. 2. 14. ~ 10일, 4. 1.~ 15일

[시설주임] 공백 기간 총 83일

20XX. 9. 12. ~ 7일

20XX. 10. 8. ~ 17일 10. 11. ~ 11일, 12. 29. ~ 19일

20XX. 2. 9. ~ 9일, 2. 11.~ 10일 3. 10. ~ 10일

관리업체가 처음에 인정한 일수는 과장 129일, 주임 82일이다. 나중에 반환금액 계산할 때는 114일과 58일로 더 줄게 된다.

● 관리단은 매월 일정액의 용역비를 관리회사에 지급한다.

이는 직원별 급여를 기준으로 작성된 산출내역서와 용역계약서에 따라 용역비를 지급하고 있는 것이다. 그런데 관리회사도 인정한 공백 기간이 무려 과장 129일, 시설주임 82일이나 된다. 관리회사에서는 그 공백 기간 동안 임금을 지급할 리가 없다. 그들은 그 잉여 용

역비를 회사 수익으로 생각하고 있는 것이다. 도급계약이라면 그렇게 생각할 수도 있다.

그러나 위탁 용역계약에서는 분명히 부당이득이다.

계산해 보았다(공석일수는 관리업체 계산일수 적용).
과장 월 인건비 3,800,000×12월÷365×공석129일
= 16,116,228원
주임 월 인건비 3,100,000×12월÷365×공석 82일
= 8,357,276원
▶ 합계: 24,473,504원

※ 인건비 = 기본급+제수당+중식비
여기에 연차수당도 더해야 하나 논쟁거리만 늘어날 듯하여 제외했다.

관리단에서 지급하는 용역비 중 약 2천4백만 원이 직원에게 가지 않고 관리회사 수익으로 남아 있는 것이다.

그동안 관리단에서는 직원이 그만두었다고 하면 관리가 부실한 곳이 있어도 말도 못하고 충원될 때까지 기다리기만 했다. 그런데 새로 채용한 직원도 얼마 뒤에 그만두고 다시 채용공고 하는 동안 공석이 되는 일이 되풀이되고 있었다.

입찰 업무제안서에도 써 있고 프레젠테이션 할 때 예비인력 20% 상시보유, 업무공백 제로라고 자랑하던 관리회사가 실제로는 음으로 양으로 부당이득을 챙기고 있었던 것이다. 입찰 제안서도 계약의 일

부분이다.

즉 과장 및 시설 직원의 충원을 위한 적극적인 노력 없이 인력 결원 상황을 방치했다고 해도 변명의 여지가 없는 것이다. 그런데 나중에 알고 보니 사실은 고의적인 공백 상황이었다.

관리단의 손해는 그것만이 아니다.

새로 직원이 오면 적어도 1주일에서 1개월은 수습 기간으로 보고 이것저것 가르치고 배우는 시간이다. 배우는 사람도 제대로 업무 처리를 할 수 없을 뿐만 아니라 기존 직원들도 본인 일을 하면서 업무를 가르쳐야 하니 업무 가중이다.

즉, 직원 공석 기간의 2배는 일을 못하는 유급휴가와 마찬가지다.

그런데 그렇게 시작하자마자 그만두는 일이 반복되니 관리사무소가 제대로 돌아가겠는가? 또 무슨 일을 자발적으로, 또 적극적으로 하겠는가?

(1차 면담) 관리회사 책임자에게 출결 상황 정리한 것을 보여 주며 어떻게 할 것이냐 대책을 세워 가져오라고 했다.

(1차면담 2일 후) 관리소장 급여 110만 원 인상 근로계약 체결 – 관리단의 협의 없이 기습 인상. 이는 2개월 이상 경과 후 소장 근로계약서를 보고 확인한 것으로 감원에 따른 사익을 취하지 않고 잉여금이 없음을 주장하기 위한 꼼수다.

(일주일 후 2차 면담) 나름 공석기간을 계산해서 가져왔는데 그것에 대한 환급보다는 향후 직원 운용계획만 설명한다. 용역계약서 4조

6항[8])에 따라 보안관리원 1명을 줄여서 그 잉여금으로 필요 직원 임금을 올리겠다는 것인데 그것이 효과적인지 다른 불합리한 요인은 없는지 판단할 수가 없다. 그 효과도 알 수 없지만 절차상 문제가 있어 보인다. 즉 변경계약이 필요할 듯한데 관리인에게 변경권한이 없는 것 같다. 그 문제는 잘 판단해서 하고 그것 보다 그동안의 인원 공백에 따른 용역비 잉여금은 어떻게 할 것이냐 당장 그것부터 계산하라. 관리위원회 회의 전까지 정확히 계산하여 보내라고 했다.

(2차면담 하루 후) 지난 면담 협의 내용과 관련하여 담당 책임자에게 전화

계약서 4조6항에 근거한 인력변경과 급여조정을 얘기했는데 그건 아무리 봐도 계약 변경사항이다. 말로 얘기했다고 될 일이 아니다. 더구나 계약변경 문제는 내용도 중요하지만 절차도 관리인의 전결사항도 아닌 듯하니 충분한 숙고가 필요한 일이다.

/다음에 정산서 가져갈 때 계약서 변경하시지요 한다.

/계약서 변경은 쉬운 문제가 아니고 관리인 혼자 결정할 일이 아니다.

그것보다 5월 관리위원회 회의 전에 공백기간에 대한 정산서를 보내야 한다.

(10일 후 3차 면담) 변경계약서를 가져왔지만 읽어볼 것도 없고 변경해야 할 이유가 없다. 관리인에게 변경권한도 없는 것 같으니 더 이

---

8) 계약서4조(계약금) 6항; 건물관리의 효율성 증진을 위해 "을"은 계약금내에서 조정하여 운용
    할 수 있다.

상 얘기할 것도 없다. 그것보다 잉여금 세부계산 자료는 어떻게 되었느냐 하니 구두로 잉여금이 약 9백만 원 정도인데 업무의 어려운 점을 고려하여 그중 50%만 환급하면 어떠냐 한다. 내가 계산한 것은 2천4백만 원인데 차이가 크다. 계산근거와 증거자료가 있을 테니 내일 관리위원회 회의 전 11시까지 제출요구.

이들의 생각은 인건비는 도급비로 받은 것이며 돌려줄 수 없다는 것이다. 만약 돌려줄 수 없다면 소송으로 가야 한다. 어쨌든 계산근거를 보내라.

(회의 다음날)정산보고서를 보니 직원들 급여를 올려 지급하여 잉여금은 9,007,477원이고 그중 50%인 4,503,738원만 주겠다고 써 있다. 공백 일수도 줄었다. 과장 공석 129일 → 114일, 주인 82일 → 58일

세부 근거자료 보내라고 하라 하고 마무리.

(다시 며칠 후) 관리업체 책임자가 긴급 면담 요구하여, 당일 14:00 에 만나 보니 또 빈손으로 왔다. 상세 근거서류는 어디 있습니까? /서류는 챙길 것이 많다 곧 드립니다. 그런데 회사 입장에서는 몇 달 뒤 재계약이 최고의 목표인데 신뢰가 깨지는 것 같아 걱정이라고 한다.

/문제가 제기된 4월 중순부터 많은 시간이 지났음에도 상세 자료제출과 설명 없이 구두설명과 관리현장을 위한 충정이었다는 변명만 늘어놓고 있다. 신뢰를 걱정하는 사람이 그렇게 합니까?

근거 상세서류는 바로 제출하겠으니 믿어 달라. 그리고 관리위원회 참석해서 설명할 기회를 달라고 한다. 전날 제출한 정산서에서 항목 누락을 지적하니 실수라면서 계속 믿어 달라고만 한다. 관리업체는 관리 현장을 살리고자 하는 충정에서 한 것이라고 거듭 강조한다. 그 것을 믿어 달라는 것이다. 하지만 그냥 넘길 사안이 아니다. 공백기 간이 너무 많다.

그리고 급여를 임의로 올리는 것도 문제지만 한 사람을 줄여서 그렇 게 한다? 참 위험한 발상이다. 이왕이면 두세 사람 더 줄여 나머지 직 원 월급을 올려 주면 최고 직장이 될 터인데 그렇게 해 보라고 했다.

관리과장 월급을 자기 돈으로 올려 줬다는 말에서 시작된 사태다.

관리단에서 입주민에게 관리비를 받아 관리회사에 직원급여용 용역 비를 주는데 그 용역비가 자기 자금, 즉 자기 돈이며 자기 돈으로 올 려 줬는데 뭐가 문제냐는 것이다. 용역비가 아니고 그들 돈으로 현장 직원 월급을 더 줬다? 그들은 도급계약으로 생각하는 것이다.

도급계약에서는 가능한 주장이다. 잉여 용역비에 대한 정산 조건이 없는 도급계약에서는 잉여 용역비가 관리업체의 정당한 수익으로 반 환의무가 없기 때문이다.

필자 건물은 위탁 용역계약이다. 인원을 줄여 발생한 용역비는 부 당잉여금이다. 고의적으로 인원을 줄였다면 계약위반뿐만 아니라 배 임, 횡령의 소지가 있는 행위다.

누구 돈이냐는 말로 언쟁이 벌어졌으니 그 표현이 실수에서 나온 말이 아니다. 평상시 그들의 속마음이고 진심인 것이다. 이것이 그들의 일반적인 자세다.

관리단은 그들을 선량한 관리자로 인식하고 그렇게 대하고 있는데 그들 마음은 전혀 다르지 않은가?

자료를 제출하지도 않고 먼 거리를 여러 번 오가는 이유는 뻔하다. 간을 보는 것이다. 몇 달 뒤 계약이 만료되는데 어차피 연장되지 않을 것 같으면 자료를 주지 않고 버티겠다는 것이고 얼마나 환급하면 연장될 것인지를 탐색하고 있다.

얼마 뒤 상세 서류를 보내왔는데 자료가 많다. 월별 급여대장, 원천징수영수증 등… 그런데 잉여금이 줄었다. 8,723,738원 잡다한 오류가 또 발견되었다.

그 후 이틀간 연차충당금으로 논쟁, 연차충당금 만큼은 돌려줄 수 없다고 한다.

다음날 최종보고서를 들고 담당 임원이 찾아왔다.

보고서 핵심 내용이 잉여금 계산 방식에 따른 산출금액이다.

(1) 관리단의 계산방식; 용역비 산출서상 직급별 급여×공석일수=20,300,000원

(2) 관리업체 계산방식; 월 용역비 − 실제 지급액 = 12,400,000원

관리단에서 어떤 방식을 택하든 따르겠다고 한다. 갑작스러운 터세 전환이다.

여기서 일수 계산 등 더 따져봐야 크게 달라질 것은 없다.

관리단도 신중하다. 즉 (1)번 방식으로 계산하라고 하면 과연 순순히 수용하고 돌려줄까? 겉으로는 따르겠다고 했지만 서류상 인정한 것은 없다. 반발할 수도 있다. (1)번 방식은 그들에게는 손해라 수용하기 어려울 것이다. 좀 더 받겠다고 하다가 소송으로 가면 시간만 많이 지나고 계약기간 3개월 남은 건물관리는 엉망이 될 것이다.

6월초 관리위원회를 소집하여 (2)번 방식으로 정산할 것을 의결

문제 제기 후 2개월여 만에 용역비 부당 잉여금 12,400,000원이 회수되었다.

건물관리회사의 민 낯을 사실대로 알려줄 필요가 있어 대화 내용을 자세하게 기록했다.

세상 사람들이 나에게는 선하고 정직했으면 좋겠지만 실제로 일어나는 일은 그렇지 않다. 틈만 나면 비집고 들어온다. 일일이 따지고 검증해봐야 한다.

● 이제 남은 일은 공식적으로 인원을 임의로 줄여 운용한 것에 대한 처리다. 인원 감원 상황을 돌이킬 수 없게 되자 공식적으로 1명을 줄였다. 이런저런 이유와 핑계를 대지만 분명한 계약 위반이다. 계약 위반을 들어 해지하거나 재계약을 하지 않으면 된다. 그러나 그보다는 유사 사례를 예방하여야 한다. 현재 변경된 관리업체도 지켜보고 있다. 누구든 그런 일을 하면 손해를 본다는 것을 알게 해야 한다.

앞에 부당잉여금을 반납하면서 결원일수 만큼 금액에서 실제 지급

액을 차감하였다고 했다. 즉 인원 공백이 발생된 만큼 계약 금액이 전부 남아야 하는데 그 잉여금의 절반 정도를 나머지 인원 급여를 올려 지급했다는 것이다.

인원 공백에 따른 이득을 전액 회사 수입으로 하지 않고 절반을 직원들에게 지급한 것이 그들은 관리현장을 위한 충정이라고 하였으나 한편으로는 의도적인 인원 공백 상황이었음을 자백한 것이다.

정해진 월 용역비 내에서 인원 공백에 따른 잉여금으로 여러 사람 급여를 인상했으니 더 이상 계약서대로 인원을 100% 고용할 수 없게 된 것이다.

계약서에 의거 효율적 관리를 위해 임금을 올렸다는 것인데 인상된 임금은 다시 줄일 수 없다. 그러니 사람을 더 고용할 수 없다. 결원상황을 유지해야 한다. 그리고 그렇게 함으로써 잉여금의 절반은 그들의 비공식 수입이 될 것이었다.

당초 인원 공백에 대하여 관리업체의 소극적 대처를 의심했지만 사실은 의도적이고 고의적인 공백이었던 것이다. 당시 고의적인 결원 상태임을 즉각 알아차리지 못했다. 관리현장을 위한 충정에서 임금을 올렸다는 것인데 당시에는 그 말 이면을 생각하지 못했다.

관리인이 인원공백 상황을 문제삼기 시작하자 이틀 후,
관리소장 급여를 무려 110만 원이나 올려 계약하여 장부를 맞추고 (잉여금 청구에 대비하여 인원 감원에 따른 잉여금을 최대한 줄인 것으로 보임)

일주일 뒤 결원시의 대책으로 1명을 줄여 나머지 인원의 임금을 더 주는 것이 효과가 좋겠다는 보고서를 가져오더니 변경 계약서 서명, 사인도 없이 다음날부터 아예 공식적으로 인원을 감축 운용한다고 한다.

그동안은 비공식적으로 운용한 것을 이젠 돌이킬 수도 없으니 대놓고 일을 벌린 것이다. 이미 진행되어 취소할 수가 없다는 것이다.

관리단의 요구는 계약인원을 채우라는 것이다. 한 사람만 더 고용하면 된다. 그런데 보고서 제출 하루 만에 무슨 일이 진행되어 한 사람을 더 고용할 수 없다고 하는가?

그동안 직원들 월급을 올려 놨으니 계약대로 한 사람 더 고용하면 손해가 발생한다. 돌이킬 수 없게 된 것이다.

처음에는 계약서에 의한 자신들의 조정권한이라고 하더니 나중에는 별 핑계를 다 대고 억지를 쓰지만 변경계약서 없이 벌인 일은 변함이 없다. 천하의 트럼프가 정상회담 후 성공적인 합의를 했다고 했지만 계약서 없이는 아무 소용이 없지 않은가?

계약기간 종료 2개월 전 계약만료를 통지하였다.

며칠 후 방문한 업체에게 관리단의 업자선정 입찰 계획을 고지하며 입찰 참여를 권유하였고 다음날 관리위원회를 소집/입찰공고 의결, 건물관리업자 선정 입찰을 공고하였다.

어쨌든 계약만료 통보와 함께 '건물관리업자 선정 입찰'을 준비했다. 가장 중요한 부분은 입찰가격과 인원 결원 시 직간접 용역비 환수 조항이다.

관리업자 선정 입찰은 관리소장을 통해 준비할 수 없는 만큼 공고문, 적격평가서, 첨부서류 목록 일체를 2주에 걸쳐 직접 작성하고 있다.

관리업체에게도 진심으로 입찰에 참여하여 해결 방법을 찾으라고 했다.

사실 걱정이 많았다. 입찰조건에서 용역비, 퇴직금, 4대보험의 정산조건을 넣어 관리업체들의 비공식 수익원을 없앴으니 과연 참여자가 얼마나 있을지 걱정이다. 기존 관리업체도 참여를 권유하였고 실제로 적극 참여하여 낙찰되어도 좋다고 생각했다. 그때까지도 인원 결원 상황이 고의적인 것이 아니라 그들 말대로 현장을 위한 충정에서 잘하려고 하다 일어난 일이라고 생각했다.

입찰조건으로 자본금 3억 이상으로 하니 현장설명회에 10개사가 참여하였으나 퇴직금 및 4대보험 정산 및 인원 결원 시 정산을 조건으로 하자 5개사만 입찰에 참여하였는데 그중 3개사는 입찰가격이 너무 높아 탈락하고 실제로 기존 업체와 낙찰된 업체 2개사가 경합하였다.

7월 하순 관리업자 선정입찰 평가위원회 결과 새 회사가 낙찰, 선정되었다

지금도 이해되지 않는 것은 관리업체선정 입찰공고후 소장이 바로 퇴직하여 새로운 소장이 오면서 바로잡을 기회가 있었음에도 급여를 똑같이 110만 원 올려 계약했다는 것과 그 중요한 입찰에서도 관리소장 급여는 그대로 하고 시설직원 4명과 보안3명 급여를 낮추고 국민

연금을 0원으로 입찰한 것이다. 인상한 110만 원만큼 급여를 낮추지 않으면 경쟁이 될 수 없다.

입찰가격에서 국민연금 0원은 실비정산이라는 것이다.

그렇게 되면 용역비에 포함은 되지 않아 입찰가격은 낮추었으나 관리단은 업체에 지급하는 용역비 외에 추가로 국민연금 비용을 실비지급해야 한다. 악성 꼼수다. 그런 좋지 않은 꼼수를 쓰면서 왜 소장 급여에 목숨을 걸었을까?

실제로 그로 인해 큰 차이로 평가점수 2위에 그쳐 입찰에 실패했다.

입찰로 원상 복구할 기회를 주었음에도 왜 그렇게밖에 할 수 없었는지 이해할 수 없다.

관리업체는 결국 임의로 1명을 줄인 만큼 그 용역비를 반환해야 할 것이다.

이런 것이 관리업체들의 실상이고 민 낯이다.

관리인은 그 누구도 믿을 수 없다. 전쟁인 것이다.

6

주차시스템 업자선정 에피소드와 최고의 결정

[1]

주차시스템 업자선정 입찰 소동

주차관리시스템 교체도 최우선 현안 중의 하나였다.

준공될 때 설치된 주차시스템이 5년이 되니 고장이 잦다.

주차규정도 개정해야 했다.

최초 주차규정이 유지되다 보니 외부인 누구나 건물 주차장에 들어오면 3시간 무료가 기본이다.

그러다 보니 '맘 까페'에서 지역 주차 맛집으로 소문나서 주말만 되면 주차장이 북새통이다. 소유자와 입주민 불만이 고조되고 있다.

입주민이나 소유자들은 관리단의 대표가 선임됐으니 주차시스템부터 빨리 교체하라고 난리다. 총회 의결 사항인데 짜장면 주문하듯 하고 있다.

관리소장이 위탁관리 업자 견적을 몇 개 받아 보겠다고 한다.

업계 TOP이라면서 A, Am, H 등 견적이 들어왔으니 그중에서 관리인이 결정하면 된다고 한다. 그중 Am기 가장 오래되었고 시스템이 안정적이라고 한다.

그러나 뭔가 찜찜하다.

먼저 관리인에게 변경 권한이 있는가?

관리단집회 의결이 필요한 것 아닌가? 관리소장은 아니라고 한다. 그런 것을 총회 안건으로 하는 사람이 어디 있냐는 것이다.

관리소장은 60년생으로 오래 건물관리 분야에서 종사한 베테랑이다.

틀린 말을 할 리가 없다. 금액이 크고 해서 경쟁입찰로 해야 되는 것 아니냐 했더니 굳이 그럴 필요가 없다고 한다. 관리단에서 설치비용을 부담하지 않고 위탁관리 할 것이라 총회의결을 거칠 필요가 없다는 것이다. 설득력이 있다.

그러나 그동안 짧은 기간이지만 소장의 업무지식이 그렇게 믿을 만하지는 못했다. 아무래도 미심쩍어 관할구청 집합건물 담당자에게 전화를 했다.

마침 담당자도 초보인 모양이다. 알아보고 전화를 주겠다고 한다. 몇 시간 뒤의 대답이 위탁관리라 소유자나 입주민에게 경제적 부담이 없는 거래이기는 하나 총회 의결사항이라는 것이다.

언뜻 이해할 수 없는 답변이었지만 혼자 생각이 아니라 상사나 선배에게 물어보고 답변하는 것이니 믿어야 할 것 같았다.

얼마 후 왜 총회의결이 필요한지 이해되었다.

2020. 2. 4. 법이 개정되면서 관리인은 건물의 ‘보존행위’만 할 수 있으며 ‘관리행위’는 총회의결 사항으로 권한이 축소되었다는 것이고 주차시스템 교체도 관리행위라는 것이다.

3월말 총회 안건으로 올리기 위해서는 위탁관리 업체를 선정해야 한다.

기초 시장조사를 하고 몇몇 업체로부터 견적을 받아 보았다. 1월말 2월초 설날 연휴를 보내고 입찰공고를 냈다.

20XX. 2. 25. 13:00 입찰을 마감하니 업계 상위 3개 업체가 참여하였다.

적격평가가 진행되었는데 점수가 비슷하다. 결국 가격조건에서 결정될 수밖에 없는데 담합이 의심스러울 정도로 가격도 비슷하다.

그런데 관리위원 한 사람이 엉뚱한 주장을 하면서 평가위원회가 난장판이 되었다. 즉, 참여회사들의 재무상태나 신용상태를 알아야 하는 것 아니냐는 것이다.

관련 자료를 미리 줘서 체크할 수 있게 해야 한다는 것이다.

그러나 재무제표를 관리위원들에게 미리 준다고 해서 그 회사에 대한 평가를 제대로 할 수 있을까? 대신 전문평가기관에서 평가한 기업 신용평가등급 확인서를 받는 것이 아니냐 하니 다른 트집을 잡는다.

즉, 제안서와 홍보자료 등 모든 자료를 구분소유자에게 송부해서 총회에서 결정하게 해야 한다는 것이다.

규약제정(안), 주차규정 개정(안), 장기수선계획(안)만 해도 어떻게 해야 하나 고민이 많은데 그 많은 자료를 5백여 세대에게 보내라고 하니 답답하다.

평가위원회에서 공정하고 투명하게 업체를 선정한 후 총회에서 그 업체에 대한 찬반 투표로 의결하면 되는 것이다.

비슷비슷한 업체 3개를 총회 안건으로 올려 구분소유자들에게 선택하라고 하면 머리만 아프지 무슨 좋은 결과가 나오겠는가!

특히 문제는 집합건물 통상 의결기준이 소유자 및 의결권의 과반수 찬성이다.

어떤 업체도 과반수 득표가 어렵다. 불가능하다. 투표율 55%~60%이면 한 업체에 5분의 4가 찬성해도 과반수 동의가 안된다. 이 시급한 사안이 내년 총회까지 미뤄질 것이다.

어떤 업체로 결정을 해도 별 차이가 없는 사안을 복잡하게 따지고 있다.

본인이 결정하기 어려우니 책임을 면하려는 것 아닌가 하는 생각이 들었다.

어렵게 설득을 하고 다음으로 넘어 갔는데 이번엔 3개 업체가 같은 사양으로 제출하지 않았다고 입찰 조건이 잘못되었다는 것이다.

즉, 2개 업체는 주차 차량을 4면 촬영해서 번호만 아니라 옆면 사고 여부까지 확인할 수 있게 하겠다고 하는데 왜 Am사는 2면 촬영조건으로 제안서를 냈느냐, 똑 같은 조건으로 해야 되는 것이고 입찰 자체가 잘못됐다는 것이다.

일리가 있는 지적이다. 그러나 조금 아는 것은 오히려 병이다.

사전에 그런 조건을 미리 고지했는데도 스스로 그렇게 제안한 것을 어쩌라는 것이냐? 그 회사는 그 정도로만 해도 낙찰에 자신 있다는 얘기이고 우리는 그것을 평가하고 선택하면 되는 것 아니냐고 몇 번을 얘기해도 주장을 굽히지 않는다.

사실 Am의 업 력, 기술력, 지명도가 가장 높은 편이다. 그렇기 때문에 자신 있게 그런 제안을 한 것으로 사실 4면 촬영할 필요도 없다고 보는 것이다.

그 평가위원은 나이가 70대 중반으로 기술사 자격증을 가지고 계신 분으로 그 업계에서는 인정받는 분이지만 이런 식의 트집은 도저히 참을 수 없다.

나이도 10살 정도 많은 선배라 꾹꾹 눌러 참았는데 1시간 이상 똑같은 말을 되풀이하다 보니 폭발하고 말았다.

다 필요 없으니 꺼지라고 했다.

오후 1시에 시작해서 5시쯤 끝났다.

또 다른 나이 지긋한 관리위원 한 분이 중재하면서 마무리를 했다.

가격 조건이 가장 좋은 업체를 선정했다.

위탁관리비가 월 170만 원 + 월 주차수입의 10%이다.

그러나 선정된 업체와 계약내용 세부협의를 하는데 끝까지 보완되지 않은 것이 하나 있었다.

시스템 장애 발생 시 즉각적인 조치를 해야 하는데 그 조치 방법의 문제다.

낙찰 업체는 콜센터 인원을 늘리고 전화접수를 신속하게 하겠다고 한다.

현장 조치는 어떻게 할 거냐 했더니 경비용역업체에 월 20만 원 용역비를 주고 대처한다는 것이다.

그런데 평상시에는 빠른 조치가 되겠지만 출퇴근 시간 장애 발생 시에는 어떻게 할 것이냐 했더니 똑같은 말만 한다. 답이 없는 것이다.

결국 관리사무소로 민원이 쇄도할 것이고 관리사무소 직원이 해결할 수밖에 없게 될 것이다. 위탁 관리의 의미가 없는 것이다. 열심히 하겠다는 말 외엔 없다.

불만 사례가 많아지면 제재를 하고 계약을 해지해야 하는데 중도해지하려면 시스템 가격을 지급해야 한다는 것이다. 황당하기 짝이 없다.

시스템 가격이 약 8천만 원이다. 구입하기가 곤란하여 위탁관리 하려는 것인데 중도해지가 업체에 대한 제재가 아니라 혜택이 되는 것이다.

중도해지 할 수도 없고 해지 후엔 또 어떻게 관리할 것인가?

불만이 있어도 계약기간 5년 동안 이러지도 저러지도 못하고 끙끙거리고 끌려갈 수밖에 없다. 수용할 수 없는 위탁계약서인 것이다.

5년 장기계약의 첫 단추를 잘못 끼울 수는 없다.

장애 발생 시 결국 관리사무소 직원들이 나서야 한다.

그런 상황이 예상되면서 관리소장과 상의하니 차라리 할부로 구매해서 직접 관리하는 것이 낫지 않겠습니까 한다.

그리하여 긴급하게 시장조사를 다시 했다. 총회가 다가오고 있어 시간이 너무 없다. 할 수 없이 총회를 1개월 뒤로 미루기로 했다.

그런데 주차시스템의 할부구매는 없고 '렌트 시장'이 이미 활성화되고 있었다.

나는 초보 관리인이라 몰랐지만 베테랑 관리소장도 잘 모르고 있었던 것이다.

(2)
최고의 결정

즉시 당초 낙찰 선정된 업체와는 계약협의를 중단하고 렌트 조건으로 긴급하게 변경 입찰을 추진했다.

3월 17일 입찰 공고하여 4개 업체가 참여했다.

3개사는 지난번 위탁관리 입찰에 참여했던 업체이고 1개사는 주차시스템 시장에 신규 진입한 회사다.

3월 29일 개찰을 위한 평가위원회가 다시 열렸다.

개찰하면서 놀라면서 흥분되기 시작했다. 가격 차이가 크다.

지난번 위탁관리입찰 시 월 비용 최저가격이 고정비 월 170만 원 + 월수입의 10%(약 150~200만 원) = 320만 원 ~ 370만 원이었다.

이번 렌트 입찰 최저가격이 월 96만 원이다

위탁관리 대비 30% 가격이다.

선정된 업체는 코스닥 등록업체로 주차시스템시장에는 신규 진입한 업체지만 기술력과 신용도가 우수하다.

사후관리는 어떻게 할 것인가? 놀랍게도 위탁관리와 똑같다. 아니

더 좋다.

① 24시간 모니터링,

② 즉각적인 현장 출동,

③ 5년 무상 A/S,

④ 5년 후 소유권 이전이다.

즉각적인 현장 출동이 가능한 것은 이 회사가 관리하는 현금지급기(CD기)가 주변에 많이 있으며 가까운 곳에 늘 현장직원이 있다는 것이다.

나머지 업체의 응찰가격도 위탁관리 가격의 2분의 1에서 3분의 2 정도로 대폭 낮아졌는데 사후관리조건도 부족한 것이 없다. 아니 여러모로 믿음이 간다.

주변 건물이 대부분 위탁관리 한다. 운용비용도 비슷하고 큰 문제 없이 운용된다고 했다. 그러나 5년간의 장기계약 중에 불만이 있어도 별 해결책이 없다는 것이 문제였다. 그런데 문제는 그것만이 아니다. 월 렌트 비용이 위탁비용의 3분의 1에 불과한 것이다.

만약 지난번 입찰 결과대로 위탁계약을 체결했다면, 그리고 나중에 렌트 비용이 이렇게 저렴한 것을 알게 되었다면 큰 화병이 생겼을 것이다. 생각만 해도 진땀이 난다.

3월 말 정기총회까지 규약제정, 주차규정 개정, 장기수선계획 수립, 하자소송 등 일이 밀려 있어 시간에 쫓기고 있었다.

속 모르는 입주민들의 재촉 민원과 주차 맛집 비아냥, 1차 낙찰 업체의 협박과 항의에 불구하고 조건을 바꿔 재입찰을 결행한 것은 스스로 생각해도 참으로 잘한 결정이었다.

지금 돌이켜 봐도 시간에 쫓기며 극도의 압박감 속에 내린 최고의 결정이었다.

5년 동안 관리비 절감액이 1억 25백만 원 이상 될 것이다.

▷주차관제시스템은 위탁관리가 아니라 렌트로 해야 하는 것이다

7

하자소송과 관리인

(1)

관리인이 없으면 안 되는 일

하자 없는 건물은 없다.

어느 건물이나 늘 문제가 있다. 누수, 고장, 파손 등

관리인에게 하자 문제가 가장 큰일이다.

집합건물법을 보자.

제9조의 2(담보책임의 존속기간)

제9조에 따른 담보책임에 관한 구분소유자의 권리는 다음 각호의 기간 내에 행사하여야 한다.

1. 10년: 건물의 주요구조부 및 지반공사의 하자

2. 5년: 1호 외에 하자의 중대성, 내구연한, 교체 가능성 등을 감안 대통령령으로 정함

① 사용검사 전 하자: 전유부의 소유권이전 전, 그리고 공용부의 사용승인일 전에 발생한 하자

② 사용검사 후 하자: 대지조성공사, 철근콘크리트공사, 철골공사, 조적공사, 지붕 및 방수공사의 하자 등 건물의 구조상 안전상 하자

3. 3년: 건축설비공사, 목 공사, 창호공사, 조경공사의 하자 등 건물의 기능상 또는 미관상 하자

4. 2년: 마감 공사의 하자 등 그 발견 및 교체가 용이한 하자

이 기간의 기산 시점은 전유부분은 구분소유자에게 인도한 날이고 공유부분은 사용 승인일이다. 주택법은 사용검사일임.

이 기간은 소위 제척기간으로 1일이라도 경과 시 담보책임을 물을 수 없다. 매우 중요하다. 사전에 민원을 제기해 놓은 것은 시효연장 효과가 있을 것으로 생각할 수 있는데 기간 내에 소송 제기 외에는 연장 효과가 없다.

즉, 이 기간이 경과하면 구분소유자의 재산 및 금전으로 보수하고 공사해야 하는 것이다.

하자 없는 건물이 없고 누수 없는 건물도 없다. AS기간 즉 하자담보기간 내에서도 하자처리가 쉽지 않다. 더구나 그 담보 기간이 지나면 하자를 보수해 주는 시공사는 없다.

사소한 하자라도 보수하려면 생각보다 비용이 많이 드는데 이런 경우 하자보수보다는 손해배상만 청구할 수 있다고 한다.

이 경우 재시공에 드는 비용을 청구하는 것이 아니라 교환가치 차액 또는 시공비 차액만큼만 청구할 수 있다고 한다.

중요한 하자는 철거비용을 포함한 재시공비용에 상응하는 금액을

손해배상액으로 청구할 수 있다.

　담보책임기간 3년, 5년 내에서는 분양자와 시공사 책임이므로 구분소유자가 자기부담으로 직접 보수하기가 쉽지 않다. 개별적으로 관리사무소나 구분소유자가 수리했다고 그 수리비를 시공사나 시행사가 인정하고 지급해 주겠는가?
　따라서 일찍 준공 초기에 1년~3년 사이 소송을 진행할 필요가 있다.

　그렇게 하려면 먼저 관리인이 선임되어야 한다.
　구분소유자 개별 소송도 가능하나 극히 비효율적이다. 구분소유자는 전유부분만 대상으로 하고자 하나 금액이 작을 것이고 연결된 공유부분을 포함하고자 하면 그 비용은 어떻게 할 것인가? 물론 공유부분에 대해 구분소유자가 수리할 수도 있으나 쉽게 결정할 수는 없을 것이다.
　따라서 법적으로 인정된 관리인을 통해 구분소유자 전체의 동의를 얻어 진행하는 것이 효율적이고 필수적이다.

　관리소장이 대신하면 되는 것 아니냐 할 수 있지만 관리소장의 하자보수청구는 효력이 없다. 시공사도 관리소장은 상대를 해 주지 않으려 한다. 다만 하자 내용을 전반적으로 파악하고 보수요청을 하여 향후의 소송에 대비하여야 할 책임이 있다.
　하자소송만큼은 관리인이 반드시 있어야 한다.

그런데 관리인 선임을 회피하는 이들이 있다.

시행사와 시공사다. 앞서 언급되었지만 5년만 적당히 수리하면서 버티면 그 후에는 주요구조부 및 지반공사 하자 외에는 더 이상 하자 책임이 없기 때문이다.

법으로 분양계획의 50% 이상 소유권 이전이 되면 관리인 선임과 관리단집회에 대해 안내를 하도록 하고 있지만 앞서 언급한 대로 과태료가 200만 원 이하로 시행사나 시공사 입장에선 대단한 금액이 아니다. 또 관리인으로 시공사나 시행사 사람이 선임되기도 한다. 그들이 주인을 물을 수는 없을 것이다.

소유자들도 대부분 그런 문제에 크게 관심이 없다 보니 관리단이 제대로 구성되지 않는 것이다.

관리인 없이 그렇게 5년이 지나고 나면 시행사나 시공사의 하자 책임은 거의 제로다.

물론 담보책임기간 10년에 해당하는 지반공사 및 주요구조부에 대한 책임은 있지만 통상 그 부분의 하자 비중이 크지 않아 5년이 지나면 사실상 하자소송을 맡겠다는 법무법인도 없다.

실제로 소송제기는 준공 후 3년 이내에서 해야 법무법인에서 선호한다. 5년이 다 되었다고 하니 맡겠다는 데가 많지 않았다.

(2)
하자소송의 이해충돌과 불합리한 궤변

건물을 건축하면 분양한 시행사(분양자)와 시공자는 구분소유자에 대하여 하자 담보책임을 진다. 법 제9조(담보책임)

시공자의 손해배상책임은 시행사가 파산, 무자력 또는 그에 준하는 사유가 있을 경우에만 있다. 그러나 시행사는 시공사에게 즉시 구상권을 행사할 수 있기 때문에 최종적으로는 시공사가 배상금을 부담하게 된다.

소 제기 시 구분소유자가 원고가 되고 시행사와 시공사가 동시에 피고가 된다.

그런데 여기서 문제가 발생한다. 시행사가 미분양분 등을 소유하는 경우가 많다. 그렇게 되면 구분소유자로서 원고가 됨과 동시에 시행사로서 피고가 되는 불합리한 상황이 된다. 즉 시행사는 이해충돌로 인해 소송에 참여할 수 없다는 것이다.

이것이 왜 문제가 될까?

손해배상금은 하자소송에 참여한 구분소유자에게만 지급한다.

그리고 그 소유 지분 중 전유부분 해당 금액만큼은 구분소유자에게 지급하고 공유지분 만큼은 공유부를 관리하는 관리단에 배당된다.

그런데 구분소유자가 시행사일 경우 그 특수한 관계로 인해 하자소송에 참여할 수 없게 되면 그의 지분만큼 배상금이 감액되는 것이다.

그 배상금 중 시행사 소유 전유부분은 지급되지 않아도 된다. 문제는 공유부분 배상액이 같이 지급되지 않는다는 것이다. 공유지분 만큼은 관리단이 수령하여 공유부분 수리에 사용되어야 할 금액이다.

더구나 시행사의 소유지분은 10~50%로 배상금액도 크다. 또 하자의 대부분이 공유부에서 발생한다. 심각한 문제인 것이다.

시행사는 하자의 원천 책임이 있다. 그럼에도 시행사는 책임을 회피할 수 있을 뿐만 아니라 관리단에 실질적인 피해를 주고 있는 것이다. 법 구성의 하자다.

처음부터 구분소유자가 시공사에 손해배상을 청구할 수 있게 되면 시행사 소유지분 때문에 머리가 아플 이유가 없다. 구분소유자의 한 사람으로서 같이 청구하면 된다. 그런데 그런 방법이 없다고 한다. (담당 변호사)

시행사가 단독으로 시공사를 상대로 소송할 수는 있다고 한다. 그런데 사업관계상 소송하기가 어렵다고 한다.

그러면 관리단의 손해는 누구에게 보상받는가?

구분소유자 겸 시행사의 하자소송 불참으로 인한 공유지분 배상액 감소분 이야기다.

손실액을 계산을 해 보자.

총 하자보상액이 16억 원이라 하고 법무법인수수료, 진단비용, 감정비용, 조사비용 등 약 3억 원을 공제하면 13억 원이다. 여기에 다음 페이지 사례의 하자보수 공용부분 비율 87.6%를 적용하면 1,138백만 원인데 시행사 보유지분 10%이면 113.8백만 원, 즉 손실액이 113.8백만 원이다. 20%이면 227.6백만 원이다. 적은 금액이 아니다.

시행사만을 상대로 다시 소송을 해야 하는가? 하자소송과 똑같이 500여 세대 채권양도 동의서를 받고? 아니면 구분소유자 연명으로? 담당 변호사에게서 답이 왔다.

관리단은 시행사로부터 시행사가 시공사에 대해 가지는 하자보수에 갈음하는 손해배상청구권을 양도받아서 시공사를 상대로 소를 제기하는 방법이 있을 것이라며 시행사의 협조가 가능한지를 묻고 있다. 전적으로 시행사에 달려 있다는 것이다.

관리단은 시행사를 상대로 아무것도 할 수 없다는 것이다. 하자소송 전문 변호사의 의견이다.

불합리한 하자소송 법의 궤변이며 함정이다.

당장 수리해야 할 누수 건만 37건이나 된다. 옥상 공원을 철거해야 되고 지상 트렌치를 전부 재시공해야 한다. 공사금액이 수억 원 이상으로 가늠할 수가 없다. 그런데 시행사 겸 구분소유자는 책임이 없다?

궤변이 아닐 수 없다.

AI에게 물었다. 권리충돌 상태인 시행사의 소송 참여방법으로는 공유지분에 대하여 양도참여, 위임참여, 공동원고 참여 등 방법이 있다고 하였고, 시행사가 하자소송에는 불참하더라도 관리단은 공용부분 전체 하자손해를 청구할 수 있다고 한다. 매우 쉽고 반가운 해결방법이다. 그런데 그 판단의 근거 사례로 인용한 대법원판례를 찾을 수 없다. 담당변호사도 Al가 다 맞지는 않다며 웃는다. Al는 소송 결과에 따라 배상액이 감소한 금액은 미참여 시행사(겸 구분소유자)에게 직접 청구하거나, 해당 금액을 공용부분 관리비로 책정하여 환급하는 방식을 고려할 수 있다고 한다.

그러나 이 또한 담당 변호사의 머릿속엔 없는 방식이다. 거듭 얘기하니 변호사도 역정을 낸다. 전문가 말을 들으라는 것이다. AI의 답이 현실 법에 맞지 않는 엉터리라 하더라도 해결 방법의 방향에는 100% 동의한다.

불합리한 이해충돌 상황으로 이익을 얻는 자는 시공사와 시행사이다.

시공사는 소송에 불참한 시행사의 구분소유 지분만큼 배상금액이 감소한다. 10%~50%, 적은 금액이 아니다.

시행사는 1차 책임이 있음에도 하자소송에서 책임을 면할 가능성이 크다. 그리고 본인 공유지분만큼은 확실히 면할 것이다.

건물에서 발생되는 온갖 하자 수리비, 특히 누수공사는 큰 금액이 소요되는데 이는 구분소유자들의 공동책임이다. 구분소유자 겸 시행사는 이해충돌을 이유로 합법적으로 하자소송에 불참하여 공동의 책임을 면할 뿐만 아니라 관리단에 사실상의 손실을 끼치게 되는 현재의 하자소송절차는 불합리한 궤변이며 법의 하자다.

필자는 법 전문가가 아니다. 위 내용이 틀렸다면, 그리고 다른 해결 방법이 있다면 알려 주시기 바란다.

[3]
하자보수보증서,
공공의 신뢰 의문과 행운

하자보수보증서는 수분양자 보호를 위해 필요한 것으로 시공사가 의뢰하여 건설공제조합, 보증보험사 등이 발행하며 시행사에게 제공된다. 그리고 관리단이 구성되면 채권자 명의를 변경해야 한다.

공사 종류에 따라 2년, 3년, 5년, 10년 보증서가 따로 발급되며 하자 발생 시 관리단은 보증금 지급을 청구하게 된다.

하자보수보증금 청구방법은 보증기관과 협의하여 하자 진단을 실시한 후 하자보수비용 및 산출내역을 첨부하여 신청하고 보증기관은 30일 이내에 지급하게 된다.

일견 매우 편리한 제도로 보인다.

그러나 구분소유자나 관리단의 입장에서는 불리하고 부적절한 제도다.

우선 관리단이 구성되어 관리인이 선임되면 시행사로 되어있는 채권자 명의를 바꿔야 한다.

저자는 준공 후 5년 차에 관리인으로 선임되어 제일 먼저 건설공제

조합 및 시공사와 시행사에 보증서의 명의변경을 요구하였으나 차일 피일 미뤄지다가 5년 시효 임박하여 시공사의 최종 거절문서를 받고 하자소송으로 진행한 바 있다.

시공사 동의가 있어야 채권자 명의를 바꿀 수 있다고 하는데 시공사가 동의할 수 없다는 것이다. 이런 하자보수보증서가 무슨 소용이 있는가? 시공사는 하자담보 채무자다. 그 채무자 동의가 왜 필요한가? 그것도 5년 하자담보기간 종료 2개월 전에 동의할 수 없음을 통보하고 있다.

또 공공의 신뢰가 무너지는 다른 내용을 보자.

"하자"는 크게 둘로 나눌 수 있다.

- 설계도면과 다르게 시공된 하자

- 설계도면대로 했지만 부실하게 시공된 하자

어느 부분이 더 클까? 즉 미 시공, 변경시공은 당초 착공설계도면과 다르게 시공된 하자인데 아래 표에서 보듯 사용검사 전의 미 시공, 변경시공 하자가 사용검사 후 하자보다 훨씬 크다.

하자보수보증서의 보증책임은 사용검사일, 즉 준공 후 2년, 3년, 5년, 10년 내 발생되는 하자이다.

기산일은 전용부분은 세대 현관 열쇠를 받은 날이고 공용부분은 사용검사일(승인일)이다.

문제는 기산일 전에 발생한 미시공 또는 변경시공, 그리고 설계상 하자다.

보증사에 대한 보증금 청구 시 이런 부분은 면책약관에 의해 받지 못한다고 한다.

그런데 이 부분이 비중이 크다.

아래 표는 우리 건물의 실제 하자소송 감정평가 사례다.

구분	사용검사 전		사용검사 후				합 계 (천 원)
	미시공	변경시공	2년	3년	5년	10년	
공용 부분	154,573	934,721	109,768	59,701	7,849	171,372	1,437,984
전유 부분	28,059	103,242	39,447	11,515	21,979	-	204,242
합계	182,632	1,037,963	149,215	71,216	29,828	171,372	1,642,226

註: 사용검사 전 미시공, 변경 시공 하자가 74.3%이며 공용부분 하자 비중이 87.5%, 그중 지하 주차장 57.9%

즉 사용검사 전 하자평가액이 74.3%에 달한다.

하자보수보증서가 담보하는 사용검사 후 손해배상금액은 25.7%에 불과하다. 비용을 공제하고 나면 아주 적은 금액만 남을 것이다.

하자보수보증서가 하자 손해중 작은 부분만 보증한다는 것을 분양 받는 사람들이 알까?

대부분 내용은 모르고 그 하자보수보증서를 믿고 분양 받는다. 모든 사례가 같지는 않겠지만 충분한 설명없이 이용되고 있고 묵인되고 있는 부적절한 제도로 보인다.

여기서도 시공사는 하자책임의 대부분을 면할 수 있으니 큰 이익을 얻을 것이다.

시공사의 동의가 없으면 보증서의 채권자 변경이 안 된다는 점은 납득할 수 없는 모순이다.

그리고 보증기간 경과 시 책임이 소멸된다. 그런데 관리인이나 관리소 직원은 수시로 바뀌고 비 전문가이다 보니 부지불식간에 그 기간이 지나가는 경우가 많을 것이다. 공공기관인 발행사가 그런 기간만료 사실을 사전에 관리소에 알려 주지 않고 있는 점은 매우 아쉽다.

그 외에 시공사 부도 등 실제 보수가 어려워 실행이 안되는 점, 청구권 행사 실패사례가 많다는 점 등은 하자보수보증서의 한계로 지적된다.

하자보수보증서는 시공사와 시행사에게만 유리한 제도다. 하자보수보증서의 공공성을 믿은 수분양자 그리고 구분소유자에게는 세상 공공의 신뢰가 의심되고 무너지고 있는 것이다.

이렇게 겪고 보니 하자보수보증서는 별 쓸모가 없는 것이었다. 제대로 하자손해배상을 받으려면 시간이 걸려도 소송을 통해야 하는 것이다.

● 행운

당시 시공사가 보증서 명의변경에 동의하였다면 어떻게 했을까?

하자담보기간 5년 만료 2개월밖에 남지 않았다. 따라서 쉬운 방법을 택하여 소송보다는 하자보수 보증금액을 청구했을 것이다.

유효기간이 지난 것을 제외하면 5년 차 보증금액은 7억 원이다.

그런데 앞의 표에서 사용검사 후 배상금액이 5년 차는 전유, 공유합쳐야 3천만 원이다. 즉, 보증서 보증금액 7억 원 중 보상하지 않는 사용검사 전 하자가 6억 7천만 원이나 된다. 유효기일이 경과한 2년 차, 3년 차 포함해도 2억 5천만 원에 불과하다. 이는 하자감정 후 밝혀진 감정가이니 청구 전에는 알 수 없는 사실이다. 작아도 너무 작다.

　이해할 수 없는 시공사다. 겨우 몇천만 원을 아끼려고 동의하지 않은 것인가? 아마 관리인이 하자소송을 못 할 것으로 예상했을 수도 있다. 시공사 담당자에게는 그동안 당장 급한 점포 누수 공사와 보증서 명의 변경, 그리고 하자정산 합의만을 요구했다. 어쨌든 시공사가 명의변경을 거절하여 할 수 없이 하자소송을 진행하였는데 결과적으로는 전화위복이 되었다. 큰 행운인 것이다.

　소제기 후 3년 4개월 만에 선고기일을 앞두고 있다. 보증서 보증금보다는 훨씬 큰 금액을 수령하게 될 것이다.

8

거짓말과 관리인

(1)

관리인은 어렵다

입주민이 부담하는 공용관리비의 약 절반이 직원급여다.

그러니 관리비가 관리사무소 직원에 달려 있다고 해도 과언이 아니다.

이 금액은 통상 건물관리업체 선정 입찰에서 결정된다.

한편 관리비는 직원 손에 달려 있다.

관리비에 있어서 관리사무소 직원만큼 중요한 사람은 없다.

관리인이 감독한다고 하지만 관리사무소 직원을 통한 업무수행인 만큼 그들의 자발적이고 적극적인 협조 없이는 한계가 있다.

일반 회사들이 생산성을 높이기 위해 직원들의 자발적이고 적극적인 참여를 원하는데 관리단은 비용 줄이는 데 그들의 참여를 이끌어 내야 한다.

생산성을 높이는 데는 승진과 인센티브가 효과적이다.

그러나 관리단에는 그 수단이 없다.

우수한 인재를 고용할 수도 없다. 수익원이 많지 않으니 인센티브도 따라가기 바쁘다.

비용을 줄이기 위해서는 잘하는 사람이 있어야 한다. 직원들이 잘 하던가 관리소장이 잘 하면 된다. 관리인이 감독을 잘해야 하지만 임기 2년의 비전문가에게는 모르는 일이 너무 많다.

관리사무소 직원들 대부분은 성실하다. 늘 묵묵히 일을 찾아 하고 민원에 앞장선다. 그러나 그렇지 않은 사람도 있게 마련이다.

건물관리회사는 관리단과 건물관리에 관한 도급/위탁계약을 체결하는데 통상 건물관리에 관한 총괄 관리책임을 지게 되며, 관리소장 이하 직원들도 고의 중과실에 의한 손해배상에 대해서는 책임을 지게 된다.

그러나 아래와 같이 관리 소홀에 의한 손해가 발생해도 배상책임을 지게 하기가 쉽지 않다. 고의성이 명백하지 않으면 중과실 책임을 지우기가 쉽지 않다. 법적인 문제보다 인간적으로 고민하지 않을 수 없다.

그렇더라도 관리업체와 직원들에게 손해배상책임이 있음을 주지시킬 필요가 있으며 주의를 기울이도록 해야 한다.

● 건물관리 업무 소홀 사례
20XX. 9. 4. 농구장 소방시설 퇴수 관리 소홀 – 누수 손해배상

발생

　10. 13. 폐기물 누적(약3톤) 관리 소홀 – 처리비용 발생

　11. 22. 주차 차단기 올린 채 약 19시간 방치 – 주차료 손해

　20XX. 1. 15. 주차 차단기 올린 채 18시간 방치 재발

　4. 26. 냉각탑 급수배관 동파관리 소홀, 동파로 누수, 수리비 4백만 원

　5. 6. 냉각탑, 냉각핀 동파, 누수 발생 수리비 5백2십만 원

　4. 17. 스톱바 파손 방치로 타이어 펑크

　8. 19. 상가안내판 4개 훼손

[엉터리 보고 사례]

사람들은 왜 거짓말을 할까?

엉터리, 거짓 보고를 하면 무슨 좋은 결말이 있겠는가?

모든 직원이 그렇다는 것은 아니다. 사례와 같이 그런 직원도 있어 100% 믿고 맡길 수는 없다는 것이다. 반대의 경우도 있을 것이다. 즉 관리인의 횡포에 직원들이 겪는 갈등이나 어려움이 더 많을 수 있다.

비난보다는 관리인의 판단과 결정의 어려움을 알리고자 하는 것이다. 늘 누군가의 말이 거짓인지 진실인지 가려야 하는 것이다.

다음은 관리인 처음 선임 후 60대 베테랑 관리소장과의 대화다.

● 주차관리 시스템 교체 건; 이런 것은 총회 의결사항 아닙니까 했

더니 아닙니다. 설치비용이 들지 않고 위탁업자 선정이니 관리인이 전결처리 하면 됩니다.

▷ NO! 보존행위가 아닌 관리행위로 총회 의결사항이다.

● 장기수선계획을 수립해야 한다. 어떻게 해야 합니까 하니 이런 것은 총회 안건으로 올리지 않습니다. 그것은 관리인이 알아서 다 합니다.

▷ NO! 법17조의2 집회결의사항

● 천장누수가 발생한 점포를 방문하면서 누가 공사해야 합니까 하니 시공사의 하자 담보책임 기간 3년이 지나서 이제부터 관리사무소에서 해야 합니다.

▷ NO! 누수 책임기간은 5년으로 시공사 책임이다.

● 관리인 후보 자격이 구분소유자일 필요가 없다고 되어 있는데 이것은 규약으로 바꿀 수 없습니까 하니 그건 집합건물법에 그렇게 되어 있어 바꿀 수 없습니다.

▷ NO! 규약으로 바꿀 수 있다.

이 이후로는 어떤 관리소장의 말도 믿을 수 없게 되었다.

● 어느 날 소장이 입주민 H 씨의 태양광시설 가동 여부에 대한 질문에 '고장이 나서 가동중단 중이고 수리비가 많이 들어 방치 중'이라

고 대답했다고 한다/깜짝 놀라 그래 어디 설치한 태양광이 고장 났습니까/3층 시설이 그렇다며 얼버무린다/3층에는 태양광시설이 없다. 직접 보았느냐 하니까/시설 주임에게 들었습니다/17층 옥상에 올라가 보니 모든 시스템 정상 작동 중이다. 잘 돌아가고 있건만 그런 거짓말을 왜 했는지 알 수 없다. 의도가 있을 수 없다.

그냥 습관적으로 아는 척하는 것이다.

그 후 1년 뒤 관리단 정기총회에서 입주민 H씨가 태양광시설은 아직도 고치지 않았느냐고 따진다. 1년 내내 고장이 나서 방치 중으로 아는 것이다.

또 수리비가 비싸서 방치되고 있다는 거짓말이 왜 나왔을까? 드저히 이해할 수 없다. 모르면 모른다고 해라. 그래야 더 신임을 받을 수 있다고 수없이 얘기해도 소용없다.

● 시설직원이 주차관리시스템 관리사무소 그룹에 자기 명의로 승용차를 3대 등록하여 무료 주차하고 있는 것이 발각되어 관리소장을 통해 정리하라고 하였다.

설마 했는데 얼마 후 그중 2대가 다른 그룹으로 변경 등록한 것이 다시 발각되었다. 너무 화가 났다. 그러나 그 직원은 갈 데가 많다며 웃으며 떠나갔다.

주차권과 관련된 부정이 종종 발생한다.

● 소독업체 계약서 날인 건

계약서는 읽어 보고 왔습니까? (그동안 업체가 가져온 계약서를 한

번도 읽은 적이 없다고 할 정도로 틀린 대로 그냥 가져온다) /다 읽어 봤습니다. 계약서를 훑어보는데 금방 눈에 띄는 게 있다. 대금 지급 방법이 어떻게 돼 있나 보세요(월 65만 원 지급하기로 낙찰된 건인데 계약서에는 면적당 얼마 한다고만 되어 있다) 한번 읽기만 해도 발견 되는 것을 뻔뻔하게 다 읽었다고 하고 이런 엉터리계약서에 도장 찍으 라고 하고 있다. 뭐를 믿을 수 있는가?

● 오전에 뜬금없이 화단정리 다 했습니다 자랑스레 보고한다.

뭐? 방금 나도 보고 왔는데… 101동 쪽은 그대로 있는데?? 뭘 다 했다는 겁니까? 정말 어이없다. 이유를 알 수 없다. 1주일 후에나 마 무리되었다.

● 미화원 및 보안 휴게실 따로 만들고 에어컨 설치해야 한다고 한다.

지방 노동청 지적사항으로 본사에서도 만들라고 했다면서 미화 휴 게실 남녀 따로 만들고 보안 3명은 별도로 설치해야 한다며 기안서 결재를 올렸다.

그래? 보안 3명은 3교대 근무이고, 미화는 이미 남녀 휴게실을 따 로 두고 있지 않습니까? 그리고 미화는 3시에 퇴근하는데 3교대 근무 하는 보안팀과 같이 사용하면 되지 몇 사람 되지도 않는데 뭘 얼마나 쉬겠다고 방을 따로 만듭니까?

물론 감시적, 단속적 근로종사자에 대한 휴게 시설은 필요하다. 그 러나 요구하는 대로 다 할 수는 없는 것이다.

● 순찰 중 MDF 실 여유 공간에 사무실처럼 차려 놓은 소파, 책상을 발견, 이게 뭐냐 했더니 미화 반장이 입주민이 버린 가구를 가져다 놓고 사무실로 쓴다고 한다. 일이나 잘하면서 그런다면 봐줄 수도 있다.

● 파손된 보도 수리에 8백여만 원을 들여 공사 중이다.

어느 날 오후 공사를 다 했으니까 같이 보자고 해서 나가 봤더니 한심하기 짝이 없다. 깨진 곳이 많이 남아 있다. 이걸 어떻게 다했다고 합니까 하니/공사업체가 보도블록을 많이 남겨 놓고 간답니다. 미흡한 부분은 틈틈이 관리사무소 직원들이 하도록 하겠습니다 한다/직원들이 할 일이 없어서 그 일을 합니까? 어떻게 공사를 시켰습니까? 시방서가 있습니까/그런 것은 없고 그냥 잘 아는 업체라 손으로 여기저기 하라고 했다는 것이다. 보이는 것도 이렇게 엉터리인데 보이지 않는 데 공사는 얼마나 더 엉터리일까? 결국 1달 이상 끌면서 네 차례나 추가 공사를 했다.

● 상가 1층 바닥에 누수 넘침 사고가 발생했다. 입주민이 조사 비용 200만 원을 달라고 한다/그래서 뭐라고 했습니까/회장님한테 물어보고 주겠다고 했습니다 한다/어이가 없다. 그래서 어디서 새는지는 알았습니까/아닙니다/결과도 없는 조사비용을 달라고? 그 조사를 관리사무소가 허락했습니까/아닙니다. 자기네들 멋대로 한 겁니다/그런 것을 줘야 할지 주지 말아야 할지 모릅니까? 모르면 검토해 보겠다고 하지 그걸 관리인에게 물어보고 주겠다고? 싸움을 관리인에게 돌리는 것이다. 끝까지 달라고 한다면 어차피 소송으로 해결해야 한

다. 사사건건 관리인이 처음부터 검토하고 고민하고 책임을 져야 할 것 같으면 관리업체는 왜 필요하고 소장을 왜 고용합니까?

조사결과 옆 점포 임차인이 배수관 공사 마무리를 잘못해 발생한 것으로 확인되어 관리실로 향하던 손해배상액이 옆 점포 소유주에게 향하게 되었다.

관리실은 조사비 및 공사비로 옆 점포 소유주가 보험으로 받을 수 있는 5,000,000원을 받기로 하였는데 한동안 소식이 없다.

상황을 소장에게 물어보니 보험사에서 향후 재발해도 더 이상 청구하지 않겠다는 각서를 써 달라는데 소장은 그걸 왜 써 주느냐 하며 안 써주고 있다고 자랑스레 말한다. 보험사에서는 각서가 있어야 지급한다는데? /그런데 그걸 써 주지 않을 이유가 없다. 추가 누수가 발생하면 A/S 받으면 된다. 빨리 각서나 뭐나 다 써 주세요. 했는데/그 후로도 몇 달이 지나 회수됐다. 답답하기 짝이 없다.

● 실외기 보관 구조물 설치 공사

어떤 입주민이 상가건물 사이 좁은 골목에 실외기 여러 대를 넣을 대형 철 구조물 설치공사 중이다. 가서 보라고 했다 /가서 보더니 전화로 업체가 기어코 설치하겠다는데 어떻게 해야 하느냐 답을 달라고 재촉한다.

지난 총회에서 "통로, 복도, 공유부분 관리규정"을 제정해 공유부에 임의로 구조물을 설치할 수 없게 했다. 그런 것이 없어도 관리사무소는 공유부에 사적 설치는 통제해야 한다. 책임감, 소신, 판단력 아무 것도 없다. 결정은 다 남에게 미루고 재촉이나 한다. 싸움도 관리인에게 미루려는 것이다.

본인은 아무 책임이 없고 위에서 시켜서 하는 일이라는 것이다.

그러면 직을 그만두어야 하는 것 아닌가

총괄관리계약에 따라 현장에서 근무하는 책임자가 관리사무소장이다. 그러면 부당하게 설치되는 구조물에 대해 누가 대응을 하고 누가 대책을 세워야 합니까? 매 건마다 관리인이 결정해야 할 것 같으면 관리회사와 왜 계약을 하고 용역비는 왜 지급합니까? 어떻게 할지 모르면 본사에 물어보세요. 그리고 애써서 만든 '통로 복도 공유부분 관리 규정'을 읽어 보세요.

그 후 실외기 1대만 이행제재금 1만 원을 내며 좁은 골목에 남아 있다.

● 상가안내판에서 바뀐 업체명을 수정하라고 했더니 안내판마다 박박 긁어 훼손해 놨다, 한군데만 그랬다면 실수라 하겠지만 안내판마다 그런 것은 고의 파손이다.

행위자에게 사유서를 받아 본사에도 전달하고 조치하라고 했다. 묵과할 수 없다.

그 훼손 책임으로 얼마 후 청소반장이 그만뒀다. 그는 MDF 실 여유 공간에 개인 사무실을 만들어 쓰던 사람이다.

● 지하수관리자 명의를 변경하지 않으면 과태료가 크다고 해서 결국 명의를 변경하게 되었는데 관리인 인감증명서를 제출해야 한다고

한다/당당하게 얘기해서 그래 알았다고 하면서도 의문이 가시지 않는다. 왜 개인 인감증명서가 필요하다고 합니까? /구청 담당 공무원이 그럽니다/그 공무원과 통화 연결해 보세요/그 공무원과 통화하면서 여기는 집합건물 관리단으로 법인이 아니라고 했더니 바로 그럼 인감증명서는 떼 오지 마세요 한다. 이 사람 말대로 하면 온통 엉터리가 된다.

● 승강기 바닥 교체 건

① 24.7 승강기 바닥이 깨져 수리를 해야 한다. 기안서 결재 중에 이왕에 좋은 것으로 하고 싶어 이것저것 궁금하다. 재질이 뭐라고 합니까? /모른다.

② 24.8 승강기 바닥수리 2차공사

지난번 승강기 바닥 수리를 깔끔하게 잘해 다들 좋아한다. 추가로 한 곳을 더 교체 추진하라고 했더니 바로 기안서가 올라왔다. 그런데 지난 7월 대비 한 달 사이에 공사비가 배 이상 뛰었다/지난번 너무 싸게 해서 이번에는 올렸습니다 한다. 그냥 사인했으면 엉터리 결재가 되었을 것이다. 믿고 결재할 수가 없다. 어이가 없어 교체계획은 전면 보류

● 일부 화장실에 부착된 그림의 도난, 훼손이 심해서 조치 필요하다고 했더니

그림 소형그림 19개, 노프레임 19개 등 총 38개를 구매하겠다고 기안, 결재를 올렸길래 어떻게 계산했습니까/화장실마다 3개씩 계산

했습니다/엉터리 주먹구구다 화장실마다 상황이 다르다. 교체하지 않아도 되고 없어도 되는 데도 많다.

● 사업자선정 입찰공고문 기안 결재

입찰조건이 '일반경쟁입찰 & 적격심사제'로 하겠다고 한다.

적격심사제는 일반경쟁입찰이 아니고 제한경쟁입찰에서 하는 방식이다.

적격심사평가표는 어디 있습니까/없습니다/적격심사제로 하려면 적격심사평가표도 같이 공고해야 됩니다/묵묵부답/그냥 일반경쟁입찰&최저가기준으로 하세요. 외부 공고문은 정확히 해야 하는데 아무 말이나 쓴다.

● S약국 천장 누수 건

누수가 발생해서 수리 조치는 했는데 약품 손해 54만 원을 보상하라고 합니다. 보험 청구하기는 그렇고 직접 지급해야 하겠습니다/직접 지급한다고? 그리고 손해가 54만 원인지는 어떻게 압니까, 어떻게 누가 확인했습니까/그 정도 되니까 신청하지 않았겠습니까/달라면 그냥 줘도 됩니까? 무슨 구멍가게입니까? 내가 주인이라면 그렇게 해도 된다. 그러나 구분소유자 500여 명의 대리인인 관리인은 그렇게 할 수 없는 것이다.

결국 M 화재보험 손해사정 결과 손해액 475,594원으로 보험처리 되었다.

→ 금액 대소가 문제가 아니다. 제3의 기관에서 심사, 사정, 또는

결정된 결과를 근거로 판단해야 한다.

● 소방점검 수리비용 관련

소방점검 지적사항이 많다.

새마을금고의 방송시설 파손 등 지적사항 총 241건에 수리비가 10,494,000이다/그런데 왜 전유부분 고장을 관리실에서 수리합니까? /소장은 본인이 아는 문제는 꽤 당당하다. 소방시설은 전유부에 있어도 공유부에 해당하여 우리가 수리해야 합니다 한다/입주업체가 내부 인테리어 공사하면서 파손된 것을 왜 우리 비용으로 수리하느냐는 겁니다. 전수조사해서 각각 책임을 물으세요/결국 13개 입주업체에서 4백여만 원을 나누어 부담하게 되었고 다음해 2025년에도 수리금액 중 2백 1십만 원은 각 입주사에서 부담하였다.

● 2차 냉동기 누수 건 24.9

지난 24. 4월 수리한 곳 아닙니까(기억력도 좋아야 한다)/그렇습니다/그럼 A/S를 받지 왜 다른 업체 견적을 가져왔습니까/거기는 실력이 없어서 하며 얼버무린다/A/S 대상이면 A/S를 받지 무슨 소리를 합니까? 돈이 몇백만 원인데 내 돈 아니라고 막 쓰는 겁니까?

그리고 근본 원인은 작년 말 직원들이 동파 방지를 잘못해서 생긴 것 아니냐 그런데도 이런 식이면 관리회사 본사에 전화하세요. 알아서 수리하라고 하고 관리인은 수리 대금을 지급할 수 없습니다.

● 냉동–핀 수리업자 선정 입찰공고문 조성

공고 내용 중 "2018년도 국토해양부 고시 참조"가 눈에 띈다.

'2024년 국토교통부 고시'가 있는데 왜 옛날 해양부 고시를 참조하나? 그냥 어디 인터넷에서 비슷한 것 찾아 복사해서 붙이기만 하고 그 내용이 무엇인지 알려고도 하지 않고 있다. 첨부서류에 인감증명서, 대리인지정서 등도 없고 입찰 소요 최소한 기일도 모른다. 전부 엉터리.

● 후보자 범죄경력회신서 확인을 위한 선거관리위원회 회의 소집. 20XX. 3.

선거관리위원장이 경찰서에서 후보자 범죄경력 회신서를 받아오는 날이다. 그런데 소장이 당일 본인 마음대로 선거관리위원회를 소집했다고 한다.

99.99%가 '전과 없음'일 텐데 그 종이 한 장 보려고 선관위 회의를 소집한다고?

당장 취소해라! 물론 범죄경력이 있는 후보가 있다면 선거관리위원회를 소집해야 할 것이다. 그것은 확인 후 소집하면 될 일이다.

그 후 또 소장 임의로 당선증을 교부하기 위한 선거관리위원회를 소집했다고 한다. 당초 일정에 없는 일이다. 당선증이 필수 서류도 아니고 아울러 당선증의 교부 행위 또한 회의를 소집할 만큼 중요한 업무는 아니다.

회의비를 지급하여 일부 선관위원에게 잘 보이려 하는 것이다. 선관위원 사이 이간질도 될 것이다. 아니 결국 이간질이 되었다. 참 고약한 인사다.

퇴직한다고 하더니 1주일 남겨 놓고 막 엇나가고 있다.

● 공사업체 선정문제

공사견적은 2개 이상 받아야 한다고 했더니 견적 받을 수 있는 데는 멀리 지방이라도 상관없이 받는다.

20XX. 2. 심지어 인터넷에서 경남 양산에 있는 인쇄소 견적을 받아 기안을 올리면서 대금을 먼저 보내야 한다고 청구서 전표까지 같이 결재를 신청했다.

대금을 먼저 주고 인쇄물을 받지 못하면 어떻게 하겠습니까? 인쇄소가 경기, 서울에는 없습니까?

● 비교 견적 문제

계량기 설치 건으로 다른 업체(멀리 충남 아산 소재) 견적을 먼저 받고 그 금액에서 일부 차감한 금액으로 기존 거래 업체에 견적을 넣게 했다. 공사 금액을 줄였다는 애기다. 비용을 절감했으니 잘한 것 아니냐는 것이다.

사실 비교 견적서 문제는 심각하다.

들러리 견적이 보편화되었다. 따라서 견적서가 들러리로 짐작된 경우 업체에서는 견적서를 발급하지 않거나 견적비용을 따로 요구한다.

그러다 보니 비교 견적서 첨부하는 것도 쉽지 않다. 따라서 일부 직원은 아예 거래 업체에 제3의 타사 견적서까지 요구하여 수고를 덜고 있다.

그게 무슨 비교 견적인가?

● 공사업체 계약서 날인 건

업체가 계약서를 가져왔는데 소장 본인이 날인해도 됩니까 하고 전화로 묻는다. 계약서에 공사 후 인허가완료 등 사후관리 책임 문구가 있습니까? 하니 구두로는 다 해 주기로 했는데 계약서 읽어 보고 연락드리겠습니다 한다. 읽어 보지도 않고 계약서에 도장 찍겠다고 한 것이다. 공사금액이 57백만 원이다.

잠시 후 그런 내용이 없어서 여기 계약하러 온 사람이 직접 쓰겠답니다 한다. /

본사에 가서 계약서를 다시 써 오라고 하세요!!

믿고 맡길 수가 없다.

● 새로 근무하게 된 소장이 관리위원들과 인사하는 자리다. 담소 중에 총회에서 과반수 의결도 쉽지 않다. 3분의 2 의결은 매우 어려워 사실상 불가능 할 정도다. 그리고 규약을 개정하고 싶어도 4분의 3 의결이라 쉽게 추진할 수 없다고 하니 새로 온 소장이 정색을 하며 나선다. 아닙니다. 규약 개정은 임차인도 의결권이 있고, 제정이 아닌 개정의 경우 과반수 의결이면 됩니다 하며 반론을 제기한다.

무슨 임차인이 규약 개정에 참여하고, 규약 개정할 때 무슨 과반수 의결이냐 하니/관련 조항을 찾아서 보내주겠다고 여러 사람 앞에서 자신 있게 말한다.

어이가 없다. 나중에 변명하기를 공동주택인 줄로 알았습니다 한

다. 나중에는 다 변명이다. 제대로 인정하는 법이 없고 사과하지도
않는다.

참고로 규약의 제정, 개정에는 임차인의 의결권은 없다. 그리고 규
약은 제정, 개정을 막론하고 4분의 3 의결을 받아야 한다.

● 계약이 끝난 건물관리업체에서 직원 8명의 퇴직금 청구서를 보
냈다. 소장이 그 청구서대로 지출결의서를 들고 왔길래 내 계산과 다
르니 잘 따져 보라며 돌려보냈다.
다음날 수정된 새 청구서가 첨부되었는데 3백45만 원이 줄었다.
따지지 않으면 줄줄이 새는 관리비다.

● 직원들은 건물 관리에 대하여 이건 이렇고 저건 저렇다고 단정적
으로 말하는 경향이 있는데 그를 상대하는 입주민 대부분은 그들이 거
짓말을 할 것이라고 생각하지 않는다. 다소 미심쩍은 점이 있어도 따
지지 않고 그들의 판단에 의존하듯 넘어가니 그들은 그런 상황에 익숙
해져 있다. 습관적으로 말이 앞선다. 오랜 시간 그래도 별 탈이 없었
으니 그렇게 된 것이다.

그래서 관리인은 반드시 검증하고 한 번 더 따져 보아야 한다. 잘못
된 결정의 책임은 다른 사람에게 돌릴 수 없다. 직원들을 탓해 봐야
이미 엎질러진 물이다.

대부분의 직원들은 성실하다. 그러나 그들의 실수로 인해 최종 판단이 잘못되어서는 안된다. 그래서 관리인은 더 많은 고민을 해야 함을 강조하는 것이다. 매사 진실과 거짓의 전쟁인 것이다.

[2]

전화위복

20XX. 8. 건물관리업체를 교체하니 시설과장이 스스로 그만뒀는데 관리비 부과 파일을 삭제하고 연락두절이다. 관리업체 교체에 대한 불만표시다.

신임 관리소장이 경리와 함께 주말에도 출근해 부과작업을 하였는데 기본부터 완전 새로운 작업이다. 그러다가 전기료 부분에서 오류를 발견했다.

그동안 시설과장이 전기료 부과를 전담하고 있었다. 불친절한 인사로 관리사무소 평판에 나쁜 영향을 주고 있어 내보내야 하는 상황이다. 그러나 그 업무를 대체할 사람이 없다. 그동안 관리소장들에게 과장은 오래되어 그만둬야 할 사람이니 그가 하는 부과 업무를 빨리 파악하라고 틈만 나면 얘기했건만 건드리지도 못하고 관리소장 본인들이 먼저 그만둬야 했다.

전기 장치 중에 변류기(CT)가 있다. CT(변류기)는 회로에 흐르는 대전류를 일정 비율 소전류로 전환하여 계전기에 안전하게 흐르게 하는 장치다. 즉 고전압 전류를 저전압 전류로 바꾸어 계측기를 보호하고 정확하게 계측되도록 한다. 보통 배율로 10이면 10배, 30이면 30배의 전류가 계기에 전달된다.

따라서 계기 숫자에 그 배율을 곱하여 전기료를 부과해야 한다.

500여 상가 및 오피스텔 중 대부분 호실이 1배수이다. 일부 대형 점포가 여러 호실을 임차하여 입주하면서 전류기를 바꿔 설치했는데 이때 배수적용을 확인하지 못하고 일반 호실과 같이 전기요금을 계산했다는 것이다.

한 업체는 43개월, 나머지 업체는 40개월 동안 그랬다.

몇 년 동안 전국적으로 여름과 겨울 전기료가 많이 나와 몸살을 앓다시피 했는데 이들은 10분의 1 가격으로 부담없이 에어컨과 난방기를 돌렸던 것이다.

입주업체가 처음엔 펄쩍 뛰다가 증거자료 제시하니 100% 인정한다.

전액은 줄 수 없으니 줄여 달라고 한다. 이런 것을 임의로 정할 수는 없다.

한 곳은 대기업이라 소송이든 협상이든 받아 낼 수 있을 것이나 나머지는 개인사업자로 쉽게 내놓을 상황이 아니다. 폐업해야 한다는 것이다.

어쨌든 법적 절차를 진행했다.

전기료 등 사용료는 민법 163조 제6호 '생산자 및 상인이 판매한 생산물 및 상품의 대가'에 해당된다고 보아 단기 소멸시효 3년 해당된다고 한다.

미납전기료 청구소송을 진행하여 오류 발견 후 1년 6개월 만에 강제조정 등 판결이 확정되어 한 건은 34반만 원 전액 회수하였고 나머지는 36개월 분납 회수하였으며 총회 으결을 거쳐 공용전기료 등에 사용되었다.

만약 그 과장이 그대로 근무하고 있었다면 몇 년이든 그대로 부과되고 해당 업체들은 10분의 1 요금으로 계속 부당이득을 누리고 있었을 것이다.

건물관리업자를 바꾸지 않았다면 이런 오류가 발견되었을까?

과장 스스로 그만두지 않는 한 그동안 그랬듯이 계속 근무할 가능성이 크다.

과장이 바뀌어도 인수인계가 순조롭게 되었다면 부과작업이 똑같이 진행되었을 것이다.

또 오류가 발견되어도 관리업체가 바꾸지 않았다면 관리인 모르게 쉬쉬하고 덮고 지나갈 가능성이 크다.

관리업체 교체확정 후, 탐탁하지는 않았지만 관리업무가 걱정되어 그 과장의 잔류를 권유했었다. 그만큼 관리사무소에서 업무비중이 컸다. 그럼에도 불만을 표하며 스스로 그만뒀다.

또 관리파일을 삭제하고 떠난 것이 전화위복이 되었다.

삭제하지 않았다면 그대로 답습할 가능성이 매우 크다. 관리소 그 누가 한가하게 그것을 들여다보고 계산을 새로 해 보려 할까? 500여

세대가 숫자로만 써 있어서 관련부문 아는 사람이 봐야 보인다.

한 업체는 너무 빨리 발견돼서 아쉽고 속상하다는 말을 했다고 한다. 그게 보통이다. 관리단은 이제라도 발견되어 참으로 다행인 것이다.

만약 발견하지 못했다면, 그리하여 몇 년 더 지나갔다면, 생각만 해도 진땀이 나지 않을 수 없다.

한편 과장의 불만을 이해할 수 없다. 관리업체를 바꾸는 것은 관리단의 고유 업무이고 일이다. 그들은 그것을 인정할 수 없다는 것이다. 그 불만의 표시가 여러 직원의 동반 퇴사다. 지난번 관리업체 교체할 때도 청소용역을 제외하고 대부분 동반 퇴사했고 이번에도 그랬다. 동반 퇴사로 영향력을 행사하겠다는 것이다. 그 사람들은 그런 사람들이다. 그야말로 주객이 전도된 것이다. 그로인하여 관리단이 무너지고 고생하길 바라겠지만 그럴 일은 없다.

다소 어렵더라도 관리업자를 바꾸고 소장과 직원들을 교체할 필요가 있다.

바꾸면 개선된다. 바꿔야 개선된다.

그야말로 전화위복이 되었다. 복이 많은 것이다.

그런데 그 관리과장을 고발해야 한다고 한다. 고민이다.

(3)
관리주체 논란

소관청에 신고나 보고업무 처리할 때 관리주체라는 표현이 쓰인다. 법적 용어이기 때문에 법조문을 찾아봤다.

[공동주택관리법]

제2조(정의) ① 이 법에서 사용하는 용어의 뜻은 다음과 같다.

10. **"관리주체"**란 공동주택을 관리하는 다음 각 목의 자를 말한다.

가. 제6조제1항에 따른 자치관리기구의 대표자인 공동주택의 <u>관리사무소장</u>

나. 제13조제1항에 따라 <u>관리업무를 인계하기 전의 사업주체</u>

다. <u>주택관리업자</u>

라. <u>임대사업자</u>

마. 민간임대주택에 관한 특별법 제2조제11호에 따른 주택임대관리업자(시설물 유지, 보수, 개량 및 그 밖의 주택관리 업무를 수행하는 경우에 한정한다)

관리주체의 의미를 생각해 볼 때 건물관리의 최종적인 권리와 책임
을 갖는 자는 소유자이므로 관리주체는 소유자다.

그런데 소유자는 건물관리에 대한 전문적 지식이나 기술이 없을 수
있으며 이때 전문가를 채용하거나 전문 관리회사에 위탁하는데 그 관
리책임자가 관리주체가 된다. 또 관리단이나 입주자대표회의 등이 구
성되기 전에는 분양자도 관리주체에 해당되는 것이다.

따라서 그 의미하는 바에 따라
1) 소유자로부터 건물관리를 수탁 받아 실제로 관리하는 자를 의미
하는 경우에는 관리사무소장이 관리주체가 된다.
또 위탁관리의 경우에는 그 관리회사가 관리주체가 된다.

2) 관리주체는 건물관리에 대한 최종적인 권리와 책임을 갖는다는
측면에서 그 소유자나 그 소유자들의 단체를 의미할 수 있다. 판례에
대규모 점포를 관리하는 관리자와 집합건물 관리단을 관리주체라고
한 경우도 있다.

3) 시설물안전법에서는 시설물의 소유자와 관리자를 모두 관리주체
로 본다.
〈시설물의 안전 및 유지관리에 관한 특별법〉 (약칭: 시설물안전법)
제2조(정의) 이 법에서 사용하는 용어의 뜻은 다음과 같다.
2. "관리주체"란 관계 법령에 따라 해당 시설물의 관리자로 규정된

자나 해당 시설물의 소유자를 말한다. 이 경우 해당 시설물의 소유자
와의 관리계약 등에 따라 시설물의 관리책임을 진 자는 관리주체로 보
며, 관리주체는 공공관리주체와 민간관리주체로 구분한다.

공동주택관리법 상 자치관리의 경우 그 책임자가 관리소장으로 관
리주체는 관리소장이다.

집합건물은 법 규정 및 의미에 따라 관리단이나 위탁 관리회사 및
관리소장이 관리주체가 될 수 있다. 즉, 최종 권한과 책임의 의미에
서는 관리단이 될 것이고 건물과 시설의 관리자를 관리주체로 본다면
총괄 관리업무를 수탁한 위탁관리회사나 관리소장이 될 것이다.

소유자에게 권한이 있는 만큼 책임이 있다. 그러나 건물관리에 관
하여 위탁계약을 체결한 건물관리회사가 통상 총괄관리를 맡고 있다.
관리책임은 관리업체에게 있는 것이다. 어떤 사항에 대하여 관리인에
게 책임이 있다고 한다면 조직 시스템이 달라져야 하고 그에 상응하는
수당을 지급해야 하나 현실은 그렇지 않다. 그렇지 않은 현실에서 책
임 운운하는 것은 어불성설이고 언어도단이다.
사고 발생 시 책임 소재와 관련하여 이슈가 될 수 있어 알아 둘 필요
가 있는 것이다.

9

위태로운 벌금, 과태료

● 소방점검 지적사항 과태료 사건

소방 방송시설 장애가 있는데 누수로 인한 하자로 장애의 원인 파악조차 쉽지 않았다. 공사업자는 결국 일정을 맞추지 못하였고 과태료가 걱정된 관리소장은 소관청에 기간연장을 요구했으나 거절되자 10. 23일 자로 공사 완료 보고했다. 다음 날 추상같은 '소방안전 특별 점검단'이 들이닥쳤다.

소방서에서는 이상하게 생각했을 것이다. 미완료 상태이니 연장신청을 했을 텐데 거절되니 완료 보고를 했다? 삼척동자라도 의심하지 않을 수 없다.

그런데 기일마저 지났다.

본건 지적사항이 어마어마하다.

첫째 보완 기일 10. 7.이라는 것이다. 23일로 알고 있었는데 7일이라는 것이다.

'기일 지체'다.

둘째 수리도 끝나지 않았는데 완료 보고하였으니 '허위 보고',

셋째 공사업체가 무면허 업자로 밝혀져 스방 방송시설의 '무면허 공사'는 벌금이 3천만 원이라는 것이다.

관리소장이 보고기일이 문제가 있는 듯하다며 소방서에 다녀온다고 한다.

즉 10. 23일로 알고 그에 맞춰 공사를 진행하였는데 소방서에서는 10. 7일이라니 큰 착오다. 그래서 그것을 알아보러 간다고 했는데 엉뚱한 자필확인서를 제출했다고 한다. 내용은 보완공사를 10월 7일까지 완료하라고 했는데 지체했다는 것을 인정하는 확인서다.

관리인에게 보고할 때는 10월 23일까지라고 하지 않았느냐고 하니 그렇다고 한다. 그러면 확인서는 왜 그렇게 썼느냐 했더니 우물쭈물 털어놓는다.

지난 9월 18일 관리사무소 소방안전관리자가 소방서를 방문해서 점검결과를 제출하면서 당시 소방서 공무원과 기한연장 협의를 해서 23일까지 연장하기로 협의했다는데 그 협의기록이 없다는 것이다.

기록에는 당초 보수기한 10월 7일에 확인 사인을 한 것뿐이라는 것이다.

소방서에서 보완기한을 10월 7일로 확인 사인을 하고는 연장협의 내용을 서류상 정정하지 않은 상태에서 관리사무소 담당자와 소장이 23일로 알고 일을 진행했던 것이다.

그로 인해 지체에 대한 벌금이 부과된다고 하는데 더하여 허위보고에 대한 벌금도 부과된다는 것이다.

관리소장은 기한 내 공사를 하지 않았음에도 완료한 것으로 보고하여 허위보고에 대한 확인서를 쓰고 그 과태료가 3백만 원이라는 것이다.

그러면서 만약 동의하지 않으면 허위보고 벌금은 물론 지체에 대한 과태료 처분이 크다고 하니 쓰라는 대로 쓰고 얼른 인정하고 왔다는 것이다.

그래서 벌금은 누가 내느냐 했더니 본인이 잘못했으니 본인이 내겠다고 한다.

책임질 줄 아는 관리소장이다.

당시 상황을 돌이켜 생각해 봤다.

점검결과 제출일 20XX. 9. 18.부터 보완기한 10. 7. 사이에는 추석 연휴와 개천절 휴일(9. 28. ~ 10. 3.)이 끼어 있어 실제 근무일수는 9일에 불과하며 경보, 피난, 소화, 기타시설 등 보완대상 48건에 대해 견적을 받고 관리인의 결재를 빨리 받아도 공사업체의 일정을 감안하면 불가능한 일정이다. 입찰은 생각 할 수도 없다.

결과적으로 연장협의를 수용하지 않은 00소방서도 문제이나 소방안전관리 대행계약을 하고 본건 점검을 실시한 소방안전관리 대행 용역업체가 수수방관하면서 아무런 조치나 대응이 없었다는 것을 따지지 않을 수 없다.

박봉의 관리사무소 직원에게 허위 3백만 원 + 지체 @의 과태료는 과하다.

대책을 세우기 전에 아무것도 제출하지 말라고 했음에도 관리소장과 소방담당자가 다음 날 아침 일찍 소방서에 찾아가 확인서를 제출했다 하는데 좀 어이가 없다.

그러나 관리단에 부담이 없도록 모두 책임지겠다고 했다는데 뭐라고 하겠는가?

그런데 관리소장에게는 말 못 할 더 큰 사정이 있었다.

즉, 관리인이 과태료 처분이 아무리 생각해도 불합리하고 부당한 듯하여 소방서에 따지겠다고 하니 그제야 털어놓은 얘기다.

즉, 미완료 공사가 방송시설 장애인데 보수공사를 진행한 업체가 무면허 업체였고 그 사실을 특별점검단에서 바로 지적했다는 것이다. 소방시설 중 방송시설의 무면허 공사는 벌금이 최대 3천만 원에 달한다고 하니 관리소장이 크게 놀랄 수밖에 없었을 것이다. 그야말로 혼비백산(魂飛魄散)하여 무면허 공사 건을 빼는 대신 쓰라는 대로 얼른 확인서를 써 준 것이다. 도와준다고 관리인이 괜한 것 가지고 따지다 확대되지 않을까 걱정이 되는 것이다.

기일 지체는 큰일이 아니었다. 무면허 업자에게 공사를 맡긴 잘못이 너무나 크다. 그것을 무마하고자 사정사정했을 것이고 결국 공사가 완료되지 않은 것으로 하여 무면허 공사 건은 빼고 '허위보고' 건으로만 감사하는 마음으로 확인서에 서명한 것이었다.

결국 20XX. 11. 과태료 3백만 원이 처분되었다. 공사 완료 후에 부과하겠다던 '기일 지체' 과태료는 감사하게도 현장의 애로사항이 반영되어 처분은 면하였다.

관리인도 소방시설법의 위반 사건에 연루될 수 있다. 20XX. 10. 25. 관리소장이 말하기를 소방안전 특별점검단 공무원이 전화 달라면서 내게 명함을 남겼다는데 무슨 전화를 하냐고 화가 나 명함을 집어 던졌지만 불쾌하고 찜찜하기 짝이 없다.

소방서 생각엔 무면허 공사업자 선정에 관리인이 관여했는지가 관건일 것이나, 업체 선정에 전혀 관여한 바 없으니 걱정은 없다. 업체 선정에는 복수 견적 여부, 입찰의 경우 그 조건만 살펴보고 업자를 직접 만나는 일은 피하고 있다. 그래도 기분이 좋지 않다.

무면허 A 업체는 그동안의 공사비 220만 원은 당연히 포기하였고 아울러 관리소장이 개인적으로 부담하게 될 과태료 240만 원(3백만 원에서 기한 내 납부 시 20% 감면) 중 절반인 120만 원을 분담했다.

관리소장은 다음 해 11월에도 또 소방점검 보고 잘못으로 과태료 처분을 받았다. 그러고는 얼마 뒤 능력이 부족하다며 스스로 사직하고 말았다.

참으로 조마조마하고 위태위태하지 않은가?

관련 법을 보자.

(1)

두려운 소방시설법
(소방시설 설치 및 관리에 관한 법률)

소방시설법 위반에 따른 과태료는 소방설치법 시행령 별표 10 [과태료부과기준]에 열거되어 있다. 몇 가지 예를 들면,

소화펌프, 화재수신기, 소방시설 전원장치 등 시설 고장 방치 시; 2백만 원

소방시설 점검결과 지연보고; 10일 이내 50만 원, 1개월 이내 1백만 원, 1개월 초과 2백만 원

허위보고: 3백만 원 등이다.

매년 점검 시마다 수백 건이 지적되고 외부 업자가 수리할 부분도 수십 건이다. 문제는 소방서에서 요구하는 그 보완기간이 1개월 이내로 짧은 것이다. 앞 사례에서 보듯 추석연휴가 끼어 있으면 영업일수는 10일도 안 된다. 입찰할 수가 없어 수의계약으로 해야 한다. 공사비는 크게 증가할 것이다. 실제 사례로 언급했듯이 14백만 원이면 할 수 있는 것을 37백만 원을 줘야 하는 것이다.

매년 실시되는 소방시설 점검에서 지적된 사항은 최우선으로 처리
해야 한다.

(2)
벌금과 과태료 처분 사례

● 다음은 △△건물관리회사의 1년간 실제 행정처분 내용이다.

△△관리(주)의 행정처분 내용

(단위: 만 원)

번호	위반법(공동주택관리법)	주요 내용	과태료	부과 일자	처분 기관
1	25조(관리비 등 집행 시 사업자 선정)	관리비, 장충금 등 금전 사용 시 선정방식 위반	100	20xx. 10.	강동구
2	25조, 28조(계약서공개), 102조(과태료) 3항 2호	1월 이내 공개 위반, 사업자 선정방식 위반	200	20xx. 12.	남양주
3	25조, 28조, 29조(장기수선계획) 2항	장기수선계획 매 3년 재검토, 기록, 보관 위반	200	20xx. 1.	의왕시
4	25조, 31조(설계도서의 보관 등)	설계도서보관의무 위반 보수, 교체, 기록, 보관, 유지 의무 위반	400	20xx. 2.	성남시
5	25조, 29조 2항, 90조(부정행위금지) 3항	관리비, 장충금 용도 외 사용 위반	100	20xx. 3. 7.	송파구
6	25조, 29조, 90조(부정행위 금지)	사업자선정방식 위반 장기수선계획 위반 부정행위금지 위반	400	20xx. 3.	수원시
7	25조	사업자선정방식 위반	200	20xx. 3.	안양시

8	23조(관리비의 납부 및 공개) 4항, 93조(감독) 8항	관리비의납부 및 공개, 관리감독 내용공개 위반	70	20xx. 1.	용인시
9	구 주택법 45조 제5항, 43조의 4(부정행위 금지) 제2항	사업자선정 방식 위반 부정행위 금지 위반	500	20xx. 5.	구리시
10	63조(관리주체의 업무) 제2항	관리주체 법 준수의무	150	20xx. 5.	용인시
11	7조(위탁관리), 25조	주택관리업자 선정방식 위반	100	20xx. 6.	용인시
12	102조(과태료) 3항 2호	7조 1항, 25조 위반	200	20xx. 6.	용인시
13	29조(장기수선계획) 90조(부정행위금지)	입주자대표회와 관리소장은 공모하여…	1,000	20xx. 6.	강남구
계	7조, 23조, 25조, 28조, 29조, 31조, 63조, 90조, 93조, 102조	---	3,420		

한 건물관리업체의 1년 동안 과태료 처분이 무려 13건에 3천420만 원이나 된다. 그래도 동 업체는 당당하다. 관리 현장이 많아서 그렇다는 것이다.

얼마나 엉터리로 관리되고 있는가!

궁금하지 않습니까? 저 돈을 누가 내는지.

과태료 사례는 대부분 공동주택관리법 위반이다.

집합건물법 관련 행정처분사례는 많지 않다고 한다. 정보공개청구 포털사이트에 자료를 청구하였으나 정보의 부존재로 통보되었다.

다음은 '한국아파트신문' 기사 내용이다.

전국 111개 지자체가 2021~2022년 2년간 의무관리 공동주택에 법령 위반을 이유로 부과한 과태료는 815건, 22억 816만 원에 이르는 것으로 집계됐다. 과태료 1건당 평균 271만 원이다.

아파트 과태료 통계는 한국아파트신문이 전국 111개 시, 군, 구의 지난 2년간 공동주택에 부과한 과태료 현황 자료를 분석한 결과다. 전국 228개 지자체 중 용인시, 수원시 등 117곳을 제외한 이번 자료는 과태료의 이유가 된 법령 위반 행위 내용은 감안하지 않고 과태료 금액만 비교 분석한 것이다.

지자체 중 OO시 서구는 2년간 3건 총 4000만 원, 건당 1333만 원의 과태료를 관내 아파트에 부과해 분석대상 지자체 중 가장 큰 금액의 과태료를 때렸다. 서구가 부과한 과태료는 하자보수보증금 용도 외 사용으로 2000만 원, 장기수선계획 규정 위반과 사업자 선정지침 위반으로 각각 1000만 원이다.

과태료 건당 평균 금액이 높은 이유에 대해 관계자는 '공동주택 감사를 진행하더라도 경미한 사항은 행정지도로 처리하고 심각한 위반 행위에만 과태료를 부과하고 있어 평균 과태료 금액이 높을 수밖에 없다'고 했다.

이어 서울 구로구, 부산 사하구, 전남 나주시가 1,000만 원 과태료를 1건씩 부과했다.

관리인은 대부분 관련 법을 잘 알지 못한다. 따라서 관리주체인 관리업체 및 관리소장 등 직원들의 의견에 따르게 된다. 그런데 그들의 업무지식이 틀렸다면 위와 같이 과태료가 처분될 가능성이 큰 것이다.

건물관리 현장이 아슬아슬한 지뢰밭이 될 수도 있는 것이다.

건물관리 하면서 최소한 벌금이나 과태료는 내지 말아야 한다.

그렇지만 너무 걱정할 필요는 없다.

(3)

질서위반행위 규제법의 취지

질서위반행위 규제법이 법률상 의무의 효율적인 이행과 국민의 권리와 이익을 보호하기 위하여 질서위반행위의 성립요건과 과태료의 부과, 징수 및 재판 등에 관한 사항을 규정하는 것을 목적으로 2021. 1. 1.부터 시행되고 있다.

그리고 그 법에 대한 법무부 [질서위반행위 규제법 해설집 2022. 12.]이 발간되었는데 그 서문을 보면 걱정을 덜게 된다. 일부 발췌했다.

[질서위반행위 성립에 책임주의 원칙 도입]
종전에는 객관적인 위반 사실만 있으면 행위자의 고의·과실 등이 없더라도 과태료를 부과할 수 있었으나, 질서위반행위 규제법은 국민의 권익보장을 위하여 고의·과실, 위법성인식 가능성을 요건으로 하고, 14세 미만자나 심신상실자에게는 과태료를 부과하지 않는 것으로 하였다.

특히 〈질서위반행위 규제법〉(법률 제8725호)은 부칙 4항 본문에서 "이 법은 특별한 규정이 있는 경우를 제외하고는 이 법 시행 전에 발생한 사항에 대하여도 적용한다. 다만, 이 법 시행 전에 다른 법률에 따라 발행한 효력에 관하여는 영향을 미치지 아니한다"고 규정하고 있다.

또한, 종래 행정기관이 획일적으로 과태료를 부과해 온 것을 위반자의 동기, 자력 유무, 위반행위 이후의 態度 등을 고려하여 산정할 수 있도록 하였다. 종래 과태료에 있어서는 위반자의 고의·과실을 요하지 않는 것으로 해석하였고, 따라서 고의와 과실의 존재가 모두 의심스럽더라도 '정당한 사유'가 인정되지 않는 한 처벌결정을 하였다.

그러나 질서위반행위 규제법은 과태료의 부과 대상인 질서행위반 행위에 대하여도 책임주의 원칙을 채택하여 제7조에서 "고의 또는 과실이 없는 질서위반행위는 과태료를 부과하지 아니한다"고 규정하였다.

과태료 재판에도 비송사건[9] 절차의 일반 원칙에 따른 절대적 진실발견주의, 직권탐지주의가 적용되나, 그렇다고 하더라도 법원의 증거수집에는 한계가 있을 수밖에 없으므로 탐지한 자료의 범위 내에서 고의 또는 과실이 입증되었다고 판단되지 않는 경우에는 불 처벌 결정이 불가피하고 이는 질서위반행위 규제법이 책임주의를 도입한 데 따른

---

9) 소송 없이 진행되는 사건으로 당사자는 신청인과 그 상대방으로 한다. 즉 원고, 피고가 없고 신청인이 사건을 신청하면 법원이 상대방과의 권리관계를 정리해 주는 것을 말함.

국민의 권익 보호 취지에도 부합한다.

[과태료 부과기간 · 소멸시효, 행위 시 법주의 도입]

종전의 개별법률은 행정기관의 과태료 부과에 대한 기간을 규정하지 않고 있었으나, 질서위반행위 규제법은 과태료의 부과기간을 5년으로 정하고, 확정된 과태료의 소멸시효도 5년으로 명문화하였다. 또한, 종전에는 위반행위 이후 과태료 부과시에 법률이 변경되어 법정 과태료가 상향되면 신법을 적용하여 왔으나, 질서위반행위 규제법은 이러한 경우 구법을 적용하도록 명문화함으로써 행위 시 법주의를 도입하였다. 중략

누구나 법률행위를 하면서 선량한 관리자의 주의의무를 다하고 고의, 과실이 없으면 과태료 처분은 면할 수 있는 것이다.

유사한 건물관리법인 공동주택관리법의 과태료(제90조, 제102조) 규정은 말미에 실어 놨으니 참고하시기 바랍니다.

(4)
집합건물법 벌금 및 과태료 조항

제65조(벌금)

① 제1조의2제1항에서 정한 경계표지 또는 건물번호표지를 파손, 이동 또는 제거하거나 그 밖의 방법으로 경계를 알아볼 수 없게 한 사람은 3년 이하의 징역 또는 1천만 원 이하의 벌금에 처한다.

② 건축사 또는 측량기술자가 제56조저2항에서 정한 평면도에 측량성과를 사실과 다르게 적었을 때에는 2년 이하의 징역 또는 500만 원 이하의 벌금에 처한다.

제66조 (과태료)

① 500만 원 이하

1. 회계감사 누락 (집합건물법 제26조의2)

□ 전유부분이 150개 이상인 건물 관리인은 '주식회사 등의 외부감사에 관한 법률' 제2조에 따른 감사인의 회계감사를 매년 1회 이상 받아야 한다.

ㅁ 전유부분이 50개~150개 미만으로 대통령령^{주1}에 정하는 건물의
관리인은 구분소유자 5분의 1 이상이 연서하여 요구하는 경우에
도 같다.

주1: 직전년도 관리비 징수액이나 수선적립금 적립액이 3억 원 이상인 건물,
또는 직전년도를 포함하여 3년간 회계감사를 받지 않은 건물로 직전년도 관리비
나 수선적립금이 1억 원 이상인 건물

2. 회계감사 거부, 방해 행위를 한 자(집합건물법 제26조의2 제6항)
감사인의 자료열람, 제출요구 및 조사를 거부, 방해, 기피하면 과
태료 대상임.

② 300만 원 이하의 과태료(법 제66조 제2항)
- 회계감사 결과를 보고하지 아니하거나 거짓으로 보고한 경우
- 지방자치단체장의 관리단 사무 보고 또는 자료 제출 명령을 거부
  한 경우
- 건축물대장의 등록과 관련한 소관청의 직권조사를 거부하거나
  방해하거나 기피한 경우
- 건축물대장의 등록과 관련한 소관청의 직권조사에 있어서 문서
  를 제시하지 아니하거나 거짓 문서를 제시한 사람 또는 질문에
  대하여 진술하지 아니하거나 거짓으로 진술한 경우

③ 200만 원 이하의 과태료(법 66조 제3항)
- 분양자가 예정된 매수인의 1/2 이상이 소유권이전등기를 마쳤
  음에도 불구하고 관리단집회를 소집할 것을 통지하지 아니하였

거나, 구분소유자들이 관리단집회를 소집하지 않았음에도 불구하고 분양자가 관리단집회를 소집하지 않은 경우(법 제66조 제3항 제1호, 제2호)

- 관리인 선임을 신고하지 않은 경우(법 제66조 제3항 제3호)
- 관리인의 보고 의무[10]를 위반하여 거짓 보고를 하거나 보고하지 않은 경우(법 제66조 제3항 제4호)
- 전유부분 50개 이상 건물의 관리단 사무의 장부 또는 증빙서류를 작성·보고하지 아니하거나 거짓으로 작성한 경우(법 제66조 제3항 제4의2호)
- 정당한 사유 없이 매년 1회 이상 구분소유자 및 그의 승낙을 받아 전유부분을 점유하는 자에게 보고하는 자료, 전유부분 50개 이상의 관리단 사무의 장부 또는 증빙서류의 열람 청구 또는 등본의 교부 청구에 응하지 아니하거나 거짓으로 응한 경우(법 제66조 제3항 제4의3호)

- 규약, 의사록, 서면(전자적 방법으로 기록된 정보를 포함)을 보관하지 않은 경우(법 제66조 제3항제5호)

---

10) 집합건물법 시행령 제6조(관리인의 보고의무)
　　1. 관리단의 사무 집행을 위한 분담금액과 비용의 산정방법, 징수·지출·적립 내역에 관한 사항
　　2. 제1호 이외에 관리단이 얻은 수입 및 사용 내역에 관한 사항
　　3. 관리위탁계약 등 관리단이 체결하는 계약의 당사자 선정과정 및 계약조건에 관한 사항
　　4. 규약 및 규약에 기초하여 만든 규정의 설정·변경·폐지에 관한 사항
　　5. 단지 관리단의 임직원의 변동에 관한 사항
　　6. 토지, 공용부분 및 부속시설의 보존, 관리, 변경에 관한 사항
　　7. 관리단을 대표한 재판상 행위에 관한 사항
　　8. 그 밖에 규약, 규정 등에 정한 사항이나 집회 결의에서 정하는 사항

- 규약, 의사록, 서면(전자적 방법으로 기록된 정보를 포함)의 열
  람이나 등본의 발급 요청을 정당한이유 없이 거부한 경우(법 제
  66조 제3항 제6호)
- 의사록에 적어야 할 사항을 적지 않았거나 의사록을 작성하지 않
  은 경우(법 제66조 제3항 제7호)
- 구분건물 건축물대장에 대한 신규등록신청이나 변경등록신청을
  게을리한 경우(법 제66조 제3항제8호)

(5)
그 밖에 많은 법과 규정, 다 알 수는 없다

그렇다고 너무 걱정할 필요는 없다.

건물관리에 대한 관리책임은 전문 관리회사와 관리자에게 있다.

[공동주택관리법]

과태료의 부과기준(제100조 관련)

1. 일반기준

가. 위반행위의 횟수에 따른 부과기준은 최근 1년간 같은 위반행위로 과태료가 부과된 경우에 적용한다. 이 경우 위반행위에 대하여 과태료 부과처분을 한 날과 처분 후 다시 같은 위반행위를 적발한 날을 각각 기준으로 하여 위반횟수를 계산한다.

나. 하나의 행위가 2 이상의 질서위반행위에 해당하거나 2 이상의 질서위반행위가 경합하는 경우에는 그 위반행위 중 가장 중한 과태료를 부과한다.

다. 부과권자는 위반행위의 정도, 위반행위의 동기와 그 결과 등을 고려하여 제2호에 따른 과태료금액의 2분의 1의 범위에서 그 금액을 늘릴 수 있다. 다만, 과태료를 늘려 부과하는 경우에도 다음 각 호의 구분에 따른 금액을 넘을 수 없다.

　1) 법 제102조제1항 위반의 경우: 2천만 원

　2) 법 제102조제2항 위반의 경우: 1천만 원

　3) 법 제102조제3항 위반의 경우: 500만 원

라. 부과권자는 다음의 어느 하나에 해당하는 경우에는 제2호에 따른 과태료 금액의 2분의 1의 범위에서 그 금액을 줄일 수 있다. 다만, 과태료를 체납하고 있는 위반행위자의 경우에는 그 금액을 줄일 수 없으며, 감경 사유가 여러 개 있는 경우라도 감경의 범위는 과태료 금액의 2분의 1을 넘을 수 없다.

　1) 위반행위자가 〈질서위반행위규제법 시행령〉 제2조의2제1항 각 호의 어느 하나에 해당하는 경우

　2) 위반행위자의 사소한 부주의나 오류 등으로 인한 것으로 인정되는 경우

　3) 위반행위자가 위반행위를 바로 정정하거나 시정하여 해소한 경우

　4) 그 밖에 위반행위의 정도, 위반행위의 동기와 그 결과 등을 고려하여 줄일 필요가 있다고 인정되는 경우

2.개별기준

공동주택관리법 시행령 [별표 9] 참조

10

민원해결은 관리인 존재의 이유

(1)

건물관리 만족도 조사

20XX. 1. 13. ~ 2. 3. 약 3주 동안 입주민을 대상으로 건물관리 만족도 조사를 했다.

다음과 같이 220명이나 참여했다.

구　　분	참여자(명)	비　　고
상　　가	81	
오 피 스 텔	132	
소유자 밴드	7	매우 만족 3, 만족3, 모름1
계	220	

1) 건물 및 시설관리

구분	건물관리 만족도	오피스텔	상가	계(%)
1	매우 잘되고 있으며 만족스럽다	39	37	76 (35.7)
2	대체로 잘되고 있는 편이다	37	26	63 (29.5)
3	보통이다	22	12	34 (16.0)
4	전반적으로 미흡하다	33	6	39 (18.3)
5	잘 모르겠다	1	0	1 (0.5)
계		132	81	213 (100)

2) 민원 관리

구분	민원처리 만족도	오피스텔	상가	계 (%)
1	매우 신속하고 친절하여 만족스럽다	44	46	90 (42.2)
2	대체로 친절하고 처리가 신속한 편이다	41	22	63 (29.5)
3	보통이다	25	12	37 (17.5)
4	전반적으로 미흡하고 불친절하다	16	1	17 (8.0)
5	그동안 접촉이 없어서 잘 모르겠다	6	0	6 (2.8)
계		132	81	213 (100)

3) 건의사항 및 불만족 사유

주요 불만족 사유	건수	비 고
화장실 청소 불량	14	1층 상가 화장실
주차장 청소 불량	12	주차 안내표시 미흡 2
비상계단 관리 미흡	10	쿨량청소년 흡연, 낙서, 훼손
승강기 시설보수 지체	10	
관리비 과다	10	
냉난방 관리 미흡	5	
소방시설 오작동, 안내방송 불량	5	
음식점 고기 냄새, 흡연	8	
복도 (바닥 들뜸, 청소, 전등)	8	엘리베이터 바닥1
에어컨 실외기, 적치물 관리	5	
시설관리 응대 불친절	5	
기타	16	화단, 소독, 분리수거장, 소음

※개선 및 건의 총 118건

매우 잘하고 있다는 비율이 40%, 대체로 잘하고 있다는 비율이 30% 정도 되어 좋은 평가로 판단될 수도 있다.

그러나 20XX. 2. 10. 또 한번 건물관리회사 본사 책임자를 불렀다.

눈에 잘 보이는 곳은 그런대로 잘하고 있으나 문제는 공동 화장실, 비상계단, 주차장 등 어둡고 구석진 곳의 관리상태다.

이런 곳을 본 사람의 평가는 매우 나빴다.

즉, 더러운 곳을 본 사람과 보지 못한 사람들의 평가에서 보지 못한 사람들의 호의적인 평가가 반영된 비율은 중요하지 않은 것이다.

불만족 사례와 개선 및 건의 사항이 104건에 달한다. 쏟아져 나온 것이다.

20XX년 3월 총회에서 재신임을 얻느냐 여부가 여기에 달려 있을 것이다.

본사 차원에서 대책을 세우고 직접 실행할 것을 요구했다.

과장 주임 등 직원 충원도 제대로 되지 않는 상황에서 관리소장에게 이런 저런 잔소리해도 별 소용도 없고 하는 사람도 피곤하다.

아울러 관리회사 명의로 사과문을 만들어 게시하라고 했다.

그리고 3월 말 총회 전까지 건의사항과 불만족 사례가 얼마나 개선될지 보자고 했다.

다행하게도 70% 정도의 긍정평가를 바탕으로 그동안 다들 열심히 수리하고 청소하여 재신임을 얻었다.

문제는 끊임없이 발생하고 있다.

겉으로 평온해 보이는 관리단과 관리사무소이지만 내막을 들여다보면 별일이 다 생기고 있는 것이다.

(2)
기타 민원

● 불친절 민원

관리사무소가 건물 및 기계시설의 보수, 장애 수리, 청소, 공과금 납부, 관리비 부과 등 업무가 우선이나 친절한 응대도 관리사무소의 필수적 업무태도이다.

관리사무소에서 입주민의 애로사항을 등한시하고 모른 체한다면 결국 관리단에 민원이 폭주할 것이다. 관리인 존재 이유 중의 하나다.

근본적으로 관리사무소 직원들의 이직이 잦으면 친절한 응대는 기대하기 어렵다.

충성도를 높일 필요가 있다. 그렇게 하기 위한 가장 좋은 방법은 급여를 높이는 방법이나 한계가 있다.

직원 간 연대감이나 유대감이 부족한 것도 이직의 원인면서 민원을 유발하기 쉽다. 연대감이 부족하면 업무의 연속성 유지가 어려워 민원해결이 늦어진다.

어느 정도 이직은 어쩔 수 없다 하더라도 지나치다면 관리회사의 적극성과 소장의 리더십을 검토해 보아야 한다.

리더십은 교육 없이 갖춰지지 않는다. 직원들의 기술적 전문성과 함께 인사관리에 대한 기본적 지식, 그리고 긴문 소양 교육도 필요하다.

그런 교육은 건물관리회사 본사에서 주기적으로 실시하도록 요구해야 한다.

그러나 한계가 있다.

● 흡연, 냄새

흡연 민원이 많다.

관리사무소에서 관리해야 한다는 것이다.

그러나 그럴 권한이 있을까?

[국민건강증진법 제9조 제4항]에 의해 다양한 공공장소와 영업소가 금연구역으로 지정되었으며, 이에 따른 단속이 시행되고 있다.

과거에는 45평 이상인 식당만 금연구역에 포함되었지만, 현재는 모든 식당, 카페, 그리고 실내 공간 크기어 상관없이 금연구역이다.

소관청에 금연구역임을 알리는 금연 안내 표지의 설치를 요청하고, 위반 시 과태료가 부과될 수 있다는 경고의 표시도 함께 요청할 필요가 있다.

자체 제작한 금연 표시는 아무리 많이 붙여도 소용없기 때문이다.

곳곳에 절대금연이라고 써서 도배를 하고 재떨이 및 쓰레기 통을 치웠으나 꽁초 투기로 바닥만 지저분하게 되었다. 다시 쓰레기통을 놓았더니 막 버리던 꽁초가 좀 줄었다. 조금 줄었을 뿐이다.

금연구역 흡연 신고해서 과태료 물게 하는 방법도 있겠다.

그러나 현장에 CCTV가 없다면 소관 청 현장단속에 걸려야 하는데 신고하는 동안 다 피우고 이동하기 때문에 단속이 쉽지 않다.

그래도 신고하는 것이 나을 것이라는데 신고가 많은 곳은 잠복, 또는 순찰 단속장소가 될 수 있기 때문이다.

● 공유부분 적치물

공유부분 적치물도 골칫거리다.

통로, 복도 적치물에 대한 관리규정을 만들 필요가 있다.

이미 설치한 것은 치우기가 어렵다. 그러나 방치할 수도 없다. 시간이 갈수록 돌이킬 수 없게 될 것이다.

준공 입주 시부터 규정을 만들고 통제하였다면 잘 될 수 있었겠지만 이미 6~7년 지나 적치물을 많이 내놓고 있든 상태에서는 쉽지 않다.

이미 실외기 등을 내놓은 점포주에게 치우라고 한들 현실적으로 비용이 많이 들어 치울 수 없다.

20XX년 '통로복도 공유부분 관리규정'을 만들어 신규 설치는 금지하고 기존 적치물은 이행제제금으로 5천 원/㎡을 받되 최하 1만 원으로 하였다. 실외기 1대 정도 크기의 적치물은 이행제재금으로 1만 원씩 받고 있다. 그러나 우려했던 대로 금액이 적어 이행제재금 효과가 크지 않다.

그래도 신규설치 억제를 위한 이행제제금 제도는 순조롭게 안착되고 있다.

작은 금액에도 일부 점포주들은 불만이다. 그러나 230개 점포 중에 실외기 등을 점포 밖 통로에 내놓은 곳은 40여호실뿐이다. 형평성을 생각해서라도 이행제재금은 징수해야 한다.

향후 공감대가 형성되면 금액을 올려 실효성 있는 대책이 되도록 할 필요가 있다.

● 밝은 대낮에 복도 전등을 왜 켜 두느냐고 난리다.

시험삼아 꺼 놨더니 또 컴컴하다고 난리다.

밝은 날도 있고 흐린 날도 있다. 하루에도 몇 번씩 바뀌기도 한다.

그러나 앞에 설명했듯이 실제 전등비용은 적다. 밝은 날 흐린 날이 절반이라면 세대당 월 5백 원 부담하게 되는데 구별없이 다 켜 놓으면 500원 정도 추가 부담한다. 그런데 그 관리가 어렵다. 하루에도 몇 번씩 바뀌는 햇빛, 하늘만 보고 있을 수 없는 것이다.

● 전용사용권

전용사용권의 의의: 집합건물의 대지의 일부 또는 공용부분을 특정한 구분소유자 또는 제3자가 단독으로 사용할 수 있는 권리

분양자가 분양을 하면서 분양계약의 내용에 전용사용권을 명시적으로 또는 묵시적으로 포함시키는 방법으로 전용사용권이 설정될 수 있다.

즉 공유부분이나 전용권을 주장하며 전유부처럼 사용하는 사람들이 있어 갈등의 요인이 되는 것이다.

이 경우 팩트가 중요하다. 전용사용권을 취득하는 수분양자 뿐 만 아니라 다른 수분양자들도 분양계약의 내용으로 전용사용권의 설정에 최소한 묵시적이라도 동의한 것으로 볼 수 있어야 하는데 분양 상담자에 따라 다르게 설명되었다면 이를 해결하기가 매우 곤란할 것이다.

● 개방화장실 민원

개방화장실 민원도 적지 않다. 주말 연휴를 지난 월요일의 화장실을 보면 욕이 절로 나온다.

공중도덕이 무너진 현장이다. 대책이 시급하다. 누가 할 수 있는가?

일정 규모 이상의 집합건물은 화장실을 공공에 개방해야 한다. 관련 법이 공중화장실법이다.

공중화장실 등에 관한 법률(약칭: 공중화장실법)[시행 2023. 7. 21.] 제9조(개방화장실) ② 시장·군수·구청장은 대통령령으로 정하는 규모 이상의 법인 또는 개인 소유 시설물에 설치된 화장실에 대하여 해당 시설물을 소유하거나 관리하는 자와 협의하여 공중이 이용할 수 있도록 개방화장실로 지정할 수 있다.

③ 시장·군수·구청장은 제1항 및 제2항에 따른 개방화장실을 설치한 시설물에는 공중이 이를 알 수 있는 위치에 표지를 부착하여야 한다.

④ 제1항부터 제3항까지에서 규정한 사항 외에 개방화장실의 지정 절차, 운영방법 등에 관하여 필요한 사항은 시·군·구의 조례로 정한다.

▶ 공중화장실 등에 관한 법률 시행령(약칭: 공중화장실법 시행령) [시행 2023. 11.]

제3조(적용범위)②법 제3조 제17호에서 "대통령령으로 정하는 규모 이상의 시설"이란 다음 각 호의 어느 하나에 해당하는 시설을 말한다.

1. 다음 각 목의 어느 하나에 해당하는 시설로 사용되는 부분의 바닥면적의 합이 2천제곱미터 이상인 건축물. 다만, 다 목에 해당하는 시설 중 사무구획별로 화장실이 설치된 오피스텔의 경우에는 해당 사무구획에 해당되는 부분의 바닥면적은 바닥면적의 합산 대상에서 제외한다.

제8조(개방화장실의 지정 등)법 제9조 제2항에서 "대통령령으로 정하는 규모 이상의 법인 또는 개인 소유 시설물"이란 법인 또는 개인 소유 시설물로서 제3조 제2항 각 호의 건축물을 말한다. 다만, 해당 시설물을 소유하거나 관리하는 자가 개방화장실로 지정하여 줄 것을 요청하는 경우에는 해당 지방자치단체의 조례로 정하는 바에 따라 규모를 완화하여 적용할 수 있다.

[00시 공중화장실 등의 설치 및 관리 조례]

[시행 2025. 3. 10.] [00시 조례 제4212호, 2025. 3. 10. 일부 개정

제12조(개방화장실의 지정) ① 시장은 법 제9조에 따른 화장실 중 다수인이 항상 이용할 수 있는 장소와 시설의 화장실에 대하여 개방할 필요가 있는 경우 건축물의 소유자 또는 관리자와 협의하여 개방화장실로 지정할 수 있다. 다만, 영 제8조제1항 단서에 따라 영 제3조제2항 각 호에서 정하는 규모 미만의 시설물을 소유하거나 관리하는 자가 지정을 요청하는 경우에는 해당 화장실의 시설 수준, 접근성, 관리수준, 안정성 등을 고려하여 필요성이 인정되는 경우 개방화장실로 지정할 수 있다. 〈개정 2017. 9. 20., 2020. 6. 12.〉

② 제1항에 따라 개방화장실로 지정된 화장실은 공중이 이를 알 수 있는 위치에 개방화장실 표지를 부착하여야 한다. 일부개정 2017. 9. 20.

● 〈지자체 공중화장실 등의 설치 및 관리 조례〉에 따라 민간 개방화장실에 대한 지원이 이루어 지고 있다.

제13조(개방화장실의 지원) ① 시장은 제12조제1항에 따라 지정된 개방화장실을 설치·관리하는 자에 대하여 예산의 범위에서 편의용품 및 편의시설 수리비, 관리운영비(비상벨 등의 안전시설, 불법촬영 점검장치 포함), 그 밖의 비용 등의 일부를 지원할 수 있다.

② 시장은 지정된 개방화장실의 시설 노후도 등을 고려하여 시설의 개·보수 사업비를 예산의 범위에서 지원할 수 있다. 〈신설 2025. 3. 10.〉

[지원사례; 00시 2023년 지원 혜택]

− 월 25만 원 상당의 위생편의 용품(손세정제, 점보−롤 화장지,

핸드 타올 등) 지원

- 월 15만 원(분기당 45만 원, 연간 130만 원 한도) 시설관리운영
  비(관리운영비, 수도요금, 전기요금, 수리비 등) 지원
- 응급 비상 안심-벨 설치 및 운영지원, 불법촬영카메라 점검 등)

요약 총 정리

입주민이 항상 많다고 느끼는 관리비다

관리비도 전쟁이다.

불합리한 관행 그리고 묵인되고 반복되는 부당한 것에 대한 전쟁이다.

누구도 믿을 수 없다. 확인해야 한다.

건물관리업자 선정과 함께 용역비가 결정된다.

도급계약 명칭은 건물관리계약에는 부적합하다. 계약 세부내용도 중요하다.

관리비 절감을 위해서는 용역비(인건비) 정산이 필요하다.

퇴직급여충당금, 연차충당금 등은 직접 적립도 필요하다.

국민연금 등 4대보험도 정산해야 한다.

도급계약에서는 이런 잉여 용역비가 관리업자의 정당한 수익이다. 원칙적으로 반환의무가 없다.

그러니 표제를 위탁계약 또는 용역계약으로 하고 계약서에 정산 조건을 포함해야 한다.

관리비를 줄이지 않으면 투명한 관리비는 공염불이다.

회계자료, 계약절차를 아무리 공개해도 관리비가 많이 나오면 무슨 소용인가?

투명한 관리비 방향은 의사결정 구조의 개선과 시스템의 디지털화다.

그러나 모든 법과 제도, 시스템 보다 중요한 것은 운용하는 사람이다.

각종 법으로 건물의 안전관리를 도모하고 있지만 그 의도대로 되고 있는지는 의문이다.

관리비만 늘어나고 있는 것은 아닌지 실태조사를 해야 한다.

각종 안전관리자 선임은 필요하다. 그러나 고정화되고 노화된 자격증으로 인해 작은 수선, 작은 공사도 외부 용역업체에 맡겨야 한다면 잘못되고 있는 것이다.

입주민이 부담하는 관리비는 매년 증가하고 있고 의심은 늘 관리소로 향한다.

관리비를 줄여라 라는 명제는 입주 시점부터 시작된다.

분양자가 업무를 소홀히 하면 관리비는 눈덩이처럼 커진다.

집합건물 관리의 첫 단추는 관리인 선임이다.

그런데 관리인 선임이 어렵다.

관리인이 없으면 관리비 폭탄을 맞을 수 있다.

또 하자소송을 할 수 없어 하자 수리 비용을 입주민이나 구분소유자가 부담해야 한다. 그런데 입주 초기 관리단의 형성에 책임이 있는 시행사와 시공사는 관리인 선임을 바라지 않는다. 넘기 힘든 큰 유혹이 있기 때문이다.

표준규약의 관리인 선임규정부터 바꿔야 한다.

경합 시 과반수 이상 투표에 다득표자가 선임되도록 바꿔야 한다.

관리인의 역할은 관리업체, 직원, 외부 용역업체를 상대로 불합리한 관행과 관리비의 부당한 지출을 막는 것이다. 그러나 관리인이 다 알 수는 없다. 관리인도 어렵다. 그들 속을 속속들이 알 수 없다. 도움이 필요하나 누가 도와주겠는가? 쉽지 않은 전쟁인 것이다.

총회는 관리단과 관리인 업무의 근거로 매우 중요하다.

집회에 대한 분양자와 관리인의 의무가 있다.

소유자 과반수, 의결권 과반수 동의를 얻는 것이 쉽지 않다.

구분소유자들은 의결권 행사에 적극 참여해야 하고 정상적인 집회가 되도록 참여자 모두 총회 규칙을 지켜야 한다.

관리규약은 구분소유자 4분의 3 동의를 받아 제정 및 개정할 수 있는 만큼 처음 제정할 때 시간을 충분히 갖고 시작해야 한다.

지자체 집합건물 관리가이드 등 여러 사례를 참고하는 것이 좋다.

하자소송에서 시행사 겸 구분소유자의 이해충돌 상황은 법의 궤변이며 법의 하자다.

하자보수보증서도 제반 내용과 절차를 개선하여 공공의 신뢰를 회복하여야 한다.

관리비를 줄이려면 작은 용역계약도 경쟁입찰을 원칙대로 해야 한다.

입찰이 성립 안될 때가 많다. 최대한 제한을 줄여 참여를 쉽게 해야 한다.

물론 최저가가 항상 좋은 것은 아니다.

때로는 고급 자재로 건물 가치를 높여야 한다.

그래서 관리인은 많은 고민을 해야 하는 것이다.

잡수입과 수선적립금이 증가하면 관리비는 줄어든다. 따라서 주차수입을 늘이고 수입원을 개발하여 잡수입과 수선적립금을 늘릴 필요가 있다.

건물관리업자가 항상 정직하고 공정하며 법규정을 잘 알고 잘 지키는 사람들은 아니다. 항상 들여다보고 주의를 해야 한다.

관리업자선정 입찰에도 꼼수가 있는 만큼 시간을 갖고 평가할 필요가 있다.

관리업체와 직원들 대부분은 선량하다. 그러나 늘 예외가 있다. 그러므로 관리인은 관리업자의 꼼수를 가려내고 직원들의 보고를 확인하여 진위 판단과 결정을 신중하게 해야 한다.

누구를 비난하기보다는 관리인의 판단과 결정의 어려움을 알리고자 하는 것이다.

벌금과 과태료에 유의해야 한다. 특히 소방법은 지적사항이 많아 공사금액이 큰데 보완기한이 너무 짧아 입찰할 수가 없다. 자칫 과태료가 부과된다.

● 건물관리업무는 세상 많은 일중 작은 일이다.

작은 일이라고 방치하면 정직이 무너지고 원칙이 흐려진다.

관리인이 다 알 수는 없다. 믿고 맡겨야 한다. 그러나 확인하라.

누구든 이 업무와 관련이 있다면 정확하게 알고자 해야 한다.

늘 자를 갖고 일을 들여다보아야 한다.

정직이 최선의 방책이다.

언제나 정정당당하게, 꼼수, 변칙이 아닌 정공법으로 어려움을 돌파하라.

내용에 법적 오류가 있을 수 있습니다. 법 해석은 다양합니다. 이 책의 주장은 저자의 견해이므로 실제 적용 시 전문가 상담이 필요합니다. 많은 이해를 바랍니다.

두서없이 쓴 책을 끝까지 읽어 주셔서 감사드리고 건투를 빕니다.